FENCUN

许多米◎编
大漫工坊◎绘

分寸

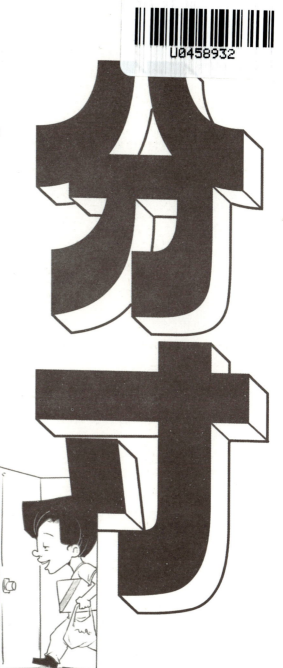

山西出版传媒集团　山西人民出版社

图书在版编目（CIP）数据

分寸 / 许多米编；大漫工坊绘 . -- 太原 ：山西人
民出版社，2024. 8. -- ISBN 978-7-203-13533-3

Ⅰ. C912.3-49

中国国家版本馆 CIP 数据核字第 20240BD279 号

分寸

编　　者：许多米
绘　　者：大漫工坊
责任编辑：张小芳
复　　审：李　鑫
终　　审：贺　权
装帧设计：言　诺

出 版 者：山西出版传媒集团·山西人民出版社
地　　址：太原市建设南路21号
邮　　编：030012
发行营销：0351－4922220　4955996　4956039　4922127（传真）
天猫官网：https://sxrmcbs.tmall.com　电话：0351－4922159
E－mail：sxskcb@163.com　发行部
　　　　　sxskcb@126.com　总编室
网　　址：www.sxskcb.com

经 销 者：山西出版传媒集团·山西人民出版社
承 印 厂：三河市同力彩印有限公司

开　　本：710mm×1000mm　　1/16
印　　张：9
字　　数：130千字
版　　次：2024年8月　第1版
印　　次：2024年8月　第1次印刷
书　　号：ISBN 978-7-203-13533-3
定　　价：49.80元

如有印装质量问题请与本社联系调换

前　言

　　在社交互动中，人们的社交分寸感常常会透过一言一行得以呈现，他人对自己印象的优劣有时仅在细微举动间就被确定了。所以，每个期望塑造良好形象的人，在工作与生活中都应当有一套可供参照的言行准则来辅助自己。

　　形象是人们展现给他人的第一印象，如何让自己的形象得到恰到好处的表达至关重要。在第一章中，读者将学习在不同场合应如何选择恰当的着装，既不过分张扬，也不显得邋遢随意。在职场中，穿着得体的正装展现专业与严谨；在休闲聚会时，换上轻松舒适的服饰则体现亲和力。通过对形象分寸的拿捏，能迅速传达出恰当的信息，为良好的社交互动奠定基础。

　　身体语言更是一种无声却有效的情感表达。然而，过度的肢体动作可能会让人感到不适，而过于拘谨又可能显得冷漠。第二章中，读者可以学习到得体的站、坐、行、握手等身体姿态所传达的意义，与人交往时通过适度的眼神交流、自然的手势以及合适的身体姿态，能让对方注意边界，也让自己和对方的关系更近一步。

　　在第三至第六章中，读者将会了解我们在餐桌上、职场中、与人交谈、与人产生矛盾时，应如何做出言语、行为上的应对。具体来说，在餐桌上不能只顾自己享受美食，要注重落座、用餐时的礼貌；在职场中，应该积极拓展社交圈，但是又要把握边界感，不让他人感到冒犯；与人交谈时，该开口时平等交流，该沉默时仔细聆听，该夸奖时不吝言辞；面对意见不合、想拒绝他人等情况时，求和为主，明确的态度为辅。

礼尚往来，是中国人的交际礼仪，也是维系人际情感的重要纽带。读完第七章，读者们将明白礼物的选择要符合对方的喜好和情境，不一定要昂贵，但一定要用心。在接受礼物时，真诚地表达感谢，而回赠礼物时也要考虑到恰当的时机和价值。礼物可以送但是规矩不能越，切不要仗着自己是送出礼品的人而失了分寸感。

最后一种常见的社交场景是做客与待客，通常能到他人家中做客或者邀请对方到家中做客，说明两者关系不错，但是不论是作为客人还是主人，都要注意礼节，不能过分随性、不注意分寸。既要尊重主人的居家习惯，也要理解客人的做客需求，在送客时也要保持真诚，才能收获一次愉悦的主客交流。

分寸的把握并非一蹴而就，需要在生活中不断地学习和实践。本书全面解析了人们在日常生活、工作中有可能遇到的诸多社交场景。希望这本书可以帮助所有读者朋友在人际交往中更加自信、从容，减轻读者在遇到社交活动时对分寸把握的困扰，如果能帮助到读者一二，便是这本书最大的荣幸。

目 录

第一章
恰到好处的形象

第二章
适度的身体语言

第三章
饭桌上也要讲分寸

第四章
职场中掌握分寸很重要

第五章
做个会聊天的人

第六章
用分寸感应对多变化

第七章
礼尚往来需有度

第八章
做客待客懂分寸

坏情绪

第一章
恰到好处的形象

究竟一个人的第一印象由哪些因素决定呢？是颜值、穿着、气质、举止，还是谈吐？谈吐唯有通过交流方可知晓，而前面几项则需要精心雕琢。

每一次我们与他人的交往，都是形象的展示。在展示形象时把握好分寸极为重要，恰到好处的形象呈现能够给人留下美好且深刻的印象，然而倘若分寸失当，过度张扬或者过于拘谨，都有可能让他人产生误解或者反感之情。

好的形象从"头"开始

一个人的整体形象受到发型的重要影响。脸部特征是由基因决定的，除非进行整容手术，否则个人形象特征无法轻易改变。然而，我们可以通过化妆等方式来修饰和优化自己的外貌。同样重要的是，我们还可以借助发型改变自己的形象。头发作为我们的外在装饰品，需要通过**精心的设计和打理**来展现个性。

发型所传达的信息是强烈而有力的。在古代，它就像孔雀的尾巴，是一种展示和炫耀，表明一个人身体强壮，可以长出如此漂亮的头发。对于我们的祖先来说，观察一个人的头发是非常有用的，因为头发可以真实地反映一个人的年龄。因此，在古代，观察一个人的头发是决定是否与某人建立联系的一种有效方法。在现代社会中头发也是自我认同的重要部分。

● 女士发型

　　女性对美的追求从未停止，从衣着搭配到化妆，再到改变发型，她们一直在不断地尝试和追求。然而，改变发型并非毫无风险，如果选择不当，可能会让女性看起来比实际年龄大好几岁。因此，在选择发型时，女性**切忌随意跟风**，要慎重考虑。

你咋把头发剪短了？

我这不是马上有个面试嘛，短发看着干练点儿！

　　发型有长有短，对于女人来说剪短发可能显得不那么温柔，但可以很好地体现出女性的个性之美。

　　短发的女性通常被认为具备自信和善于交际的特质。如果女性希望自己看起来更有自信，或者希望别人认为自己擅长社交，那么，选择短发可以更好地突出这些特征。

　　拥有中等长度黑发的女性通常被认为非常知性。

　　有长黑发的女性通常被认为是比较低调、不张扬的。根据发型给人留下的印象，长黑发是最中性的选择，如果你不想让人对你的形象产生误解，这是一个不错的选择。

● 男士发型

优质的生活往往需要良好的个人形象来增色。女人可以通过装饰品、化妆等方法来美化自己的形象，对于男人而言就没有太多的选择了，那么发型就是最常用的形象修饰手段了。男士发型对于形象的重要性可以说是非同小可。在很多情况下，一个**合适的发型**可以提升男士的魅力、自信和整体形象。

平刘海发型特别适合年纪轻轻、面容俊秀的男生。无论是日常出行还是特殊场合，这样的发型都能让人显得更加精神饱满，充满朝气。

短发偏分对于随性又讲究的男人而言，简单又有男人味，在尽显头部立体感的同时又能自信地呈现出自己的五官。刘海方便造型，只要往需要的方向一吹就是全新的发型。

寸头是生活繁忙、身形又健美男士的首选。如果你没时间打理头发，这绝对是最佳的选择，无论你是长脸、方脸都很合适，造型可谓百无禁忌。

● 给头发做个保养

选哪种洗发水好呢？

一个人的整体形象会受到气质的巨大影响。尽管他们的外貌可能并不出众，但拥有独特的气质会让他们散发出高贵的美丽。因此，大家应该努力提升自己的气质，而最简单的方法之一就是**拥有一头完美的秀发**。

许多人不知道，头发的生长有着自己的周期，不同的人拥有不同的发质，而头发的更新换代时间也因人而异。一旦头发生长到一定阶段，便可能失去光泽，甚至发生根部断裂或脱发。随着大众对形象的日益关注，越来越多的人开始重视对头发的呵护和保养。

护理头发的步骤如下：

1.根据**自己的发质**选择合适的洗发产品。首先要了解自己的发质是油性、干性还是中性，然后选择相应的洗发水。

2.根据**头发状况**选择护发素或发膜。油性发质，建议减少使用护发素的频率；干性发质，可选用滋养效果较好的护发素或发膜；中性发质，可以在每次洗完头发后使用护发素。请注意，无论是使用发膜还是护发素，都必须将头发冲洗干净。

穿衣风格体现个人品位

　　"人靠衣装马靠鞍"，穿衣风格是展现个人品位的方式。想要提升个人形象，除了打理出一个适合自己的发型，也可以选择**适合自己的穿衣风格**。

　　我们常说"衣、食、住、行"，"衣"被摆在了第一位。因为衣服不仅能为我们提供驱寒避暑、防虫防伤、装饰身体、提升美感的功能，更重要的是，"衣"是个体生活状态最直观的表达，通过穿衣风格，第一眼就大体能看出来一个人的气质格调、身份地位、文化信仰。

　　对穿衣风格的重视体现了人们对自我形象的觉察，不同的穿衣风格会给人带来不同的感观和印象。例如，简约的衣着可以展现出干练的气质，而明亮的颜色和有趣的图案则能彰显出活泼可爱的一面，深色系穿搭则使一个人看上去庄重内敛。

　　因此，找对适合自己的穿衣风格，是提升个人品位、魅力、气质的要领，在穿得好看的同时，穿出个性，穿出自信。

● 职业形象很重要

职业形象对于职场人士来说非常重要，它不仅代表着个人的专业素养和职业能力，还影响着个人在他人心目中的形象和信任值。

这人穿成这样来面试？

你懂什么？厉害的人从不需要通过外在来表现！

面试处

1.影响自己在他人心目中的形象

职场上的个人形象，会映射一个人的行事风格、职业身份，也会影响自己在他人心目中的形象。例如，销售人员一般都会穿西装、打领带，易给人留下十分专业干练的印象。

2.影响别人对自己的信任度

广为人知的**"光环效应"**告诉我们第一印象的重要性。在职场中，个人形象的好坏有时候甚至是一场合作能否成功的关键因素。一个职场形象良好的人，往往能在领导、同事、客户心目中留下更多"存在感"，从而获得更高的信任度。

3.影响自己的人脉圈

良好的职业形象有助于吸引他人，让人更愿意与之交往和合作。通过塑造良好的职业形象，可以增加吸引他人、融入优质人脉圈的机会。

相反，糟糕的职业形象可能会让人产生负面评价，导致他人不愿与之建立联系，甚至可能会破坏已有的人脉关系。

● 学会穿好衣橱必备基本款

又没衣服穿了……

每个人的衣橱里都应该有那么几件**基本款**的衣服。基本款的特征是：

1.没有标新立异的特点，没有明显的时代性，是永远不过时的单品。

2.无好看难看之分，百搭不挑人，上身不出错。比如，白色T恤、白色衬衣、牛仔长裤、连帽卫衣等。

但是基本款也有显著的缺点，如果穿着者没有通过合理的搭配和对穿衣风格的精心打造，很容易就会让个人形象变得平凡无奇，与众不同的个性难以凸显，从而在人群中变得毫无存在感。这就要求我们在选择基本款时，不仅要注重服饰本身的质量和设计，更要学会如何通过不同的配件和色彩搭配来提升整体的时尚感，使得在简约中见独特，从而避免沦为无特色的"路人"。

因此，**学会穿好基本款也是提升个人形象的秘诀之一**。以女士内搭是白衬衫的情况为例：最经典的搭配就是黑色西装外套、西装九分裤，简约精干，职场感满满；但如果觉得黑白搭配过于严肃，也可选择卡其色风衣搭配中性色下装，既可以调和白衬衫的单调感，又可以带来时尚、高雅的感觉；或者想走活泼清丽的风格，可选择下身搭配碎花裙，顿时就会给人眼前一亮的感觉。

好身材"造"出来

身体发肤受之父母，我们的容貌、身材受基因影响很大，但是我们仍然可以通过许多后天途径进行"脱胎换骨"，比如，通过补充营养、健身健美、医疗美容、梳妆打扮、穿衣搭配等方式来修饰或者美化自己的外在，让自己在人群中脱颖而出。

尤其是借助梳妆打扮、合理穿着搭配，常常能带来"丑小鸭变天鹅、青蛙变王子"的效果，且成本低见效快，但前提是找对方法。

通过**穿衣打造**、**化妆塑造**、**形象改造**，像雕刻一尊石像那般，认真细心地"重造"自己，一定能产生化茧成蝶、翻天覆地的蜕变，给他人留下刮目相看、今非昔比的印象。

打扮自己永远不怕晚，从今天开始，找到适合自己的穿衣风格、妆面造型，发现自己的美，展示自己的美，尝试向惊艳众人的方向迈步。

● 认识自己的体形

在学习穿着搭配之前，或许你应该先了解如何**正确判断自己的体形**。

选择一条软尺，对你的肩围、腰围、臀围进行测量，测量要精准。

测量的方法：肩围的测量，找到你双肩的肩骨点，围绕着两个点量一整圈，这个长度就是你的肩围；腰围则是腰部最细的两点连成一圈的长度，正常是肚脐上方3厘米左右的位置即腰部最细处；臀围，围绕臀部最丰满的地方量一圈即测得臀围。

了解完体形的测量方法后，我们以成年女性身材为例，将体形大体分为五种：

1. O型（又称苹果型身材）

这种身材的人腹围大于臀围和胸围，显著特征是上半身健壮、下肢修长，脂肪堆积在腰腹部，视觉上看着比其他体形更宽、背更厚。

2. A型（又称梨型身材、正三角型身材）

如果你的肩围小于臀围至少5厘米，那么你可能是A型身材。通常这样的身材上半身瘦窄，也就是肩膀看着会小一点，腰部相对其他部分较细，臀部和大腿部分较宽。

3. X型（又称沙漏型身材）

有一类身材曲线明显、凹凸有致，被认为是最性感的体形，那就是X型身材。这类人的肩围约等于臀围，且臀围减腰围大于20厘米。

4. T型（又称草莓型身材、倒三角型身材）

与A型"上窄下宽"的特征相反，T型身材的特点是"上宽下窄"，这样的体形一般是肩膀宽厚、手臂粗壮、臀围较小，给人壮硕的感觉。

5. H型（又称直筒型身材）

H型身材的人整体观感较为匀称，相对其他体形而言，没有明显的腰部曲线，但如果拥有这样体形的人身高比较高，那便是天生的衣架子，可以驾驭阔型服装。

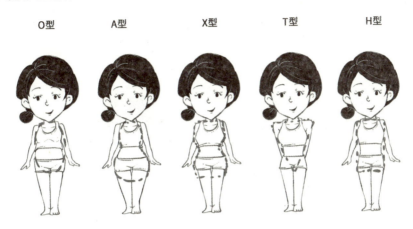

O型　　A型　　X型　　T型　　H型

了解不同体形是为了正确认识自己、欣赏自己。世上难得完美的事物，自然也少有完美的体形，不论你是什么体形，无须因为自己的不完美而感到自卑、灰心。要**学会科学看待身材**，扬长避短打造形象，才能真正做到自信满满。

取长补短有型有款

我们前面已经了解了五种体形，对每种身材的比例、脂肪分布情况也有了一定的了解。比如，拥有苹果型身材的人往往上半身比较丰满，腹部脂肪多于其他部位的脂肪，下半身则比较纤瘦，这时候需要学会遮挡上身较为丰满的部位，选择简约宽松的上衣或者V领口的阔版外套，搭配高腰单品，拉长上半身视觉的同时，突出较具优势的下半身。

再比如梨型身材。梨型身材的人往往肩膀小、腰围细，但是屁股大、大腿粗，所以与苹果型身材相反，应根据"上紧下松"的思路进行穿搭。穿着比较有个性的、带图案的，或者颜色鲜明的上衣，快速将他人的注意力吸引到上半身，再通过垂直感较强的直筒裤，将视觉从胯部直接拉长到小腿。

综合上述两种身材的穿搭技巧，我们可以从中总结出一个可以适用到其他体形的穿搭法则，即**重构比例**。

也就是说，原来的比例是"五五分"，就要重构成"三七分"，通过服饰的长短、厚薄，材质软硬，甚至是色彩明暗、冷暖的合理搭配，穿出新比例，焕发新魅力。

● 学会服装色彩搭配

不同的色彩可以体现出不同的情绪，比如红色热烈、黄色温柔、灰色沉稳、蓝色冷酷、紫色高雅、白色素净……这会导致我们以"色"识人的结果，即通过颜色去判断我们的性格、职业、爱好等。

有时候，明明已经根据"重构比例"的方法搭配出一套衣服了，可是为什么还是觉得没有眼前一亮的感觉呢？那可能是因为你的服装配色方案令人"过目即忘"。

服饰穿搭上的配色可分为同色系、邻近色系、互补色系、对比色系等。比如，同色系搭配时，应选择黑色、白色、灰色这些中间色作为过渡；邻近色系搭配时，要注重追求视觉上的和谐统一，但是又要有层次亮点；互补色系由于颜色反差大，也应该有意识地避开主色调、辅助色占比五五对开的情况。

此外，在选择服装的颜色时不但要考虑**自身的气质、肤色**，也不能由着性子只穿一种颜色或者把所有喜欢的颜色都往身上堆，一定要找到适合自己的**配色方案**，才能真正为自己的形象加分。

在选择服装颜色时，除了考虑上述的配色原则外，还需要考虑到自身的气质、肤色以及场合的需要。不同的颜色会给人带来不同的心理感受和视觉效果，因此，选择适合自己的颜色，可以更好地展现个人魅力。

同时，也要避免过度单一或杂乱无章的颜色搭配。穿着者不应该只固守一种颜色，也不应该无节制地将所有喜欢的颜色堆砌在一起。找到适合自己的配色方案，既能体现个性，又能保持整体的和谐与美感，是提升个人形象的关键。

好气色"妆"出来

化妆，也许是一个人走向成熟的标志。当我们从孩童成长到青年，不论男生、女生都会有意识地开始注意自己的形象，更口语一点来说就是"开始爱美了"。接着，我们走向社会走进职场，开始要面对不同身份的人，参与不同重要性的场合，化妆后再出席约会，更是对他人的一种尊重。并且随着大众认知的变化，化妆也开始适用于所有年龄段的人，化妆的重要性也愈发显著。

但是每个人从第一次自己涂口红，第一次自己抹发蜡，第一次自己修剪眉毛，直至找到适合自己的妆容，学会成功打扮自己，想必也都经历了各种啼笑皆非的时刻。

化妆确实是一门值得深度学习的技艺，它有改变气色、气质，增添美感和自信的作用，一次精美的妆容常常能给人留下深刻的印象。

不同场合的妆容

化妆，并不是一件"一招鲜吃遍天"的事情，因为在工作和生活中，我们可能需要出席不同的场合。根据场合的不同，功能的不同，化妆的类型可以分为生活妆、职业妆、晚宴妆、新娘妆、艺术妆、舞台妆、特效妆等。

就拿上班族来说，最常化的就是**职业妆**。职业妆不同于生活妆，不能一味追求简约素雅，应在生活妆的基础上增添精明干练的气质。眼妆部分不能简单画个眉毛就了事，口红色号的选择也应该根据当日要参与的活动进行改变，即出席商务晚宴，或者接待重要的领导，或者参加团建活动，在职业妆的处理上都应该注意细节的区别。

工作之余需要化妆的时机也很多，比如与三五好友约会聚餐，或者参与大型线下活动——艺术展、音乐会、游园节等，这些都属于气氛比较轻松的玩乐场合，可以大胆地展现活泼的个性。所以，假睫毛、眼线、眼影、美瞳、腮红、修容等增色的方法，都可以依据活动主题不同而有所选择地使用。

适合自己的才是最好的

为什么在网络上看到令人眼前一亮的妆容,回家之后模仿视频进行化妆,效果却并不尽如人意,那是因为每个人的骨骼结构、面部肌肉、面部脂肪、五官分布、皮肤肤质肤色、毛发疏密程度均有不同。

就像要根据自己的体形选择合适的穿搭一样,在化妆的时候也要**根据自己的面部特征**进行上妆,不要盲目跟从他人。

大红唇固然看起来妩媚动人,但是有些人天生樱桃小嘴,更适合选择淡雅的口红色号;一字眉固然沉稳大气,但是对于那些眉形细小、更适合温婉形象的人来说,并不是最佳选择;圆脸天生童颜感比较强,更适合清秀可爱的风格;方脸棱角分明,更适合摩登浓艳的风格。

每个人的**脸型都有各自的特征**,当我们在化妆的时候,妆容及手法也要随个体的特征进行改变。只有适合自己的才是最好。同时,在学习化妆的过程中,也要掌握正确的化妆思路,提升自己的化妆技术,这样才能让自己的颜值最大化。

第二章

适度的身体语言

当一个人期望有效地抒发自身情绪时，会依托身体语言、语调和语音这三个层面来传递。人们能够有意识地润饰自己所讲的话语，也会有意地调控语调，然而却常常漠视肢体动作和姿态同样在流露内心的想法，毕竟身体是最为真切且最难加以伪装的。

因此，倘若想要转变自己在他人心目中的形象，就应该学会把控好身体语言的分寸，通过传递更为妥帖的信息，进而给他人留下"言行统一"的印象。

挺胸抬头，站如松

站好！你站成这样是什么态度！

老话说得好，站要有站相，坐要有坐相，走要有走相，这说明一个人的姿态、仪态对他的形象有着重要影响。**从一个人的站姿**，可以看出他当下的精气神状态，还能看出一个人的性格、心理、教养、素质。

有些人全身上下都是名牌服饰，穿着搭配也可称得上时尚流行，面部妆容也十分好看，但是当他与你交流时驼背塌肩、单手插兜、身体歪斜、重心乱偏、状态松垮。这种流里流气、傲慢懒散的样子，会让你觉得他并不尊重你。相应地，一个人虽然穿着简约、未刻意打扮，但是他昂首挺胸、双足立稳，与你交谈时身体不偏不倚，这样给人的印象便是自信、可靠。

所以，想要改变形象，外形打扮只是基础，与人沟通交流、待人接物时的**仪态礼仪**更要规范。

● 日常站姿

站姿，是最能直观体现一个人精气神状态的仪态礼仪，也是日常生活中十分常见的肢体动作，但是怎么站，为什么要站得端正，却不是人人都有所了解，抑或是即便了解却也较少刻意练习，任由自己的站姿习惯越来越差。

俗语说，站着说话不腰疼，但其实如果站得不端正，一样会影响身体体态以及骨骼和肌肉的健康。所以，学会**正确且科学的站姿**，不仅是为了改变自身形象，更是为了形体仪态的健康管理。

从正面看，一个人在站立时应该全身笔直，但是也没必要绷直，让两肩齐平，双臂都自然放松垂下即可。双目正视前方，表情放松，下巴微收。头部要摆正，抬起的高度，视目光正视的角度而定。挺胸的同时两肩向后展，微微吸气收紧小腹、大腹，在这个过程中，腰自然会挺直，因为一个人很难在挺胸的同时却弯腰驼背。

也许你会觉得规范的站姿很难，找不到要领，但只要掌握技巧，然后随时随地进行练习，便会逐渐找到"站有站相"的感觉。

● 站姿的变化

在正式场合中，比如公司项目启动会、商务谈判、颁奖仪式、学术论坛等场合中应保持标准站姿，因为要契合庄重、严肃的气氛。

标准站姿中，除了基本的抬头挺胸收腹，双目平视站立的状态，男士和女士的站姿又稍有些差异。男士双臂应放松地垂于腿部两侧，双脚可以稍微分开，但不能超过肩宽；女士则应双腿并拢直立，两脚跟靠紧，脚尖分开呈60度。两手交叉放在腹前，其中一只手四指轻握另一只手四指，两手大拇指向内扣住。

在非正式场合中，比如社交晚宴、朋友聚会等场合的站姿跟标准站姿类似，却又无需像标准站姿那样紧绷。双肩和腰背都可以相对放松，双手无须固定放在某个位置，可以在与人交谈的时候，辅助说话的内容进行变化。

看到了吗？那个人就是新来的赵总！

站姿都跟别人不一样！

长时间久站若出现疲劳，也可以改变站姿。两脚分开但是距离不超过肩宽，一只脚朝斜前方迈出半脚掌的距离，此时身体重心向前偏移，让另一只脚得到休息。两脚可以交替向斜前方偏移，使双足都得到休息。

泰然处之，坐如钟

这么躺着可真
舒服啊！

你有没有计算过你每天"坐着"的时间呢？回想一下，也许会比你估算的还要长。"坐"是一个十分日常也十分舒服的姿势，然而由坐姿所引起的问题也是多方面的。

现代人普遍处于亚健康状态，而**久坐**就是导致亚健康的原因之一。另外，盘腿坐、跷二郎腿、葛优躺、蹲坐等不良坐姿则会加剧对腰椎、脊椎和身体关节的伤害。久而久之，身体的体态就会受到影响，出现含胸驼背、脖子前倾、O型腿等不美观的体态。

除了健康方面的问题，坐姿也体现了一个人的**礼仪素养**。当我们在公众场合与人交流的时候，如果坐姿过于散漫，也会给人不尊重对方的印象。

所以，为了保持身体的健康，也为了塑造良好的外在形象，每个人都应该对自身的坐姿做出一定规范。

男士坐姿

正确的坐姿是**改变气质**的前提，如果在正确坐姿的基础上，增添一些具有意味的动作细节则更能体现一个人的魅力，给人以沉稳、靠谱的感觉。

预备坐下和起身站立都应该以较为平稳的速度，不急不躁，不要将座椅弄出太大的声响。坐下之后上身挺直，背部和椅背留有的距离视交流时的姿态而定。比如，交流对象对自身很重要，那就可以仅坐椅面的三分之二或者二分之一，便于身体前倾聆听对方的讲话。

坐定之后，左右两手平放在大腿上，或靠近膝盖或者靠近腹部的位置都可以。双手既可以握拳也可以自然展开。小腿离椅子的边缘大概一拳宽，双腿之间的距离不超过肩膀的宽度，双腿平行，与地面呈垂直90度并齐。

如果觉得小腿并行垂直地面的姿势过于正襟危坐，也可以将两腿一前一后放置。但是，一定要尽量避免出现双腿岔开坐，将两腿往两个方向伸得很长的状态，这样的姿势会给人缺乏教养、傲慢无礼的感觉。

● 女士坐姿

与男士坐姿相似的是，**女士坐姿**在坐下后上半身头正、肩平、背挺直、双肩打开向后向下沉。大腿与小腿呈垂直状态、小腿又与地面呈垂直90度的状态。

与男士坐姿不同的是，女士坐姿中，双腿应并拢，膝盖、脚踝、脚尖、脚后跟也呈现微微靠拢的状态，双手交叠放在大腿之间。

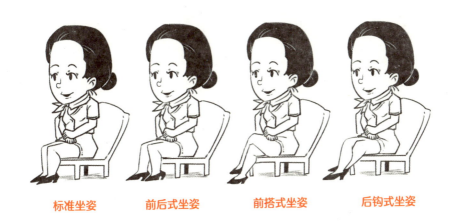

标准坐姿　　　前后式坐姿　　　前搭式坐姿　　　后钩式坐姿

除了两腿并拢并垂直于地面的方式，在双腿并拢的前提下，女士腿部的摆放还有**多种变化**：两条小腿一前一后的前后式坐姿；两腿斜放，其中一条腿以交叠的方式搭在另一条腿的小腿外侧的前搭式坐姿；将一只脚缩到另一只脚的后脚跟处并向前钩住的后钩式坐姿。

在不移动椅子的前提下，入座时为了不打扰他人，不将椅子碰出过分的声响，可以从椅子的一侧入座。比如，从座椅左侧跨步至椅子的前方，右脚后撤半步。如果是身着短裙、包臀裙等裙装，可从臀部抚裙坐下避免走光，坐下后如果觉得坐姿有不适合的地方再进行姿态调整。

● 坐姿的变化

　　正如站姿会因为不同场合不同需要而变化，坐姿也应当根据当下的情形进行变化。

　　如果你是上班族或者学生党，不论是开会、办公、上课都可以以标准坐姿进行应对，也就是背挺直，肩部、腰部放松，但是不要耸肩、弯腰。脚要尽量放平，不要悬空、不要跷脚。如果觉得座椅的高度影响自己脚部的正常放置，可以选购一张踩脚凳来让双腿放得舒服些。

　　当我们在与人约会，进行用餐时，全身就可以放松些，但是因为一般约饭的地方也是公众场合，所以也不能让自己的姿态过于垮塌。同时，因为我们需要与人进行交谈，可以多展现出一些像是在认真聆听的姿态，比如双臂平放于桌面，五指交叉，两臂与胸部呈现正三角形的状态；或者双手分开，自然地放在桌上，表现出肢体开放的状态。

　　值得一提的是，不论坐姿如何变化，想要体现对他人的尊重，给他人留下好的印象，**面部的表情、眼神**也需要恰到好处。只有这样，才能让合乎礼仪的坐姿发挥更大的效果。

淡定自信，行如风

"站如松，坐如钟，行如风。"在现代走姿礼仪中，要做到"行如风"。只不过，这一阵"风"应该是一阵温和的风，应该要走得文雅、端庄，给人**气质由内而外散发**的感觉。

走姿其实就是动态的站姿，在标准站姿的基础上，要注意头部、双手、双腿等部分应如何摆动得更为美观，更得体。

良好的走姿讲求头正、肩平、腰挺、步调平稳、路径平直。具体来说就是走路时头部要摆正，两眼平视前方，两肩持平，双臂放松自然摆动。迈步时步伐不宜过大也不要过小，过大显得吃劲，过小显得局促。行进过程中，一步一脚印，脚踏实地不紧不慢，以腹部为核心的重心不偏不倚。

良好的走姿能让别人产生"蓦然回首，只觉惊鸿"的效果，而不良的走姿则会给人萎靡不振、个子矮小的印象。更重要的是，长期的不良步态会带来关节损伤、脊椎受累、骨盆前倾、腰背酸痛等问题。

男士走姿

男士的走姿，在行走的时候要注意**双眼直视前进的方向**，表情自然，下巴微收，头部摆正。相比站姿，为了走出风度走出气势，挺胸、收腹、腰背挺直的状态应该更加标准。个别男士在平常生活中习惯了任由"将军肚"突出，此时就应该提气收腹。

男士在行走过程中，双臂以身体为中心，一前一后自然摆动，摆动幅度大概是手臂与身体呈现30度～40度夹角的高度。也不要双手插兜，那会使本来就不好控制的**重心**摇摆得更加厉害，给人一种流里流气的感觉。同样地，迈的步伐不宜过大，并非迈的步越大越有气势，步伐过大会导致上身的摇摆也过大，重心不稳。

除了要注意步调平稳、节奏有力，迈步的时候应脚后跟先着地，将力量自然过渡到前脚掌，然后交替前进。走路的时候，脚掌也不要习惯性地擦着地面走。脚尖朝前，步型既不要"内八字"也不要"外八字"，因为这些都会影响骨骼发育、体态美观。

● 女士走姿

　　女士的走姿除了上半身同样要注意头正、肩平、挺胸、收腹、目视前方之外，更需要留心**下半身的步伐**。

　　女士走姿受下半身着装的影响，如果是裤装步伐就可以迈步稍微大一些，但同时也要走慢一点；如果是裙装步伐要小一点，步调就要快一点。

　　为了不让自身走路时晃动幅度太大，重心一会儿在左一会儿在右，走路时可以试着**走直线**。可以想象正前方有一条笔直的线以你的身体为中点向前延伸。在迈步的时候，脚尖始终朝着行进的方向，前面那只脚始终在后面那只脚的正前方，每一次迈步，两只脚都是踩在一条直线上，从正面看，两只腿在视觉上会形成重叠。

一听这走路的声音，
我就知道是小李！

　　女士有时需要穿着高跟鞋，而高跟鞋与地面碰撞时更容易发出声响，声响过大可能会引起尴尬。因此，穿高跟鞋时应注意落地技巧，如迈小步、寻稳落脚点、脚跟先落地等，以保持稳定与优雅。

行走规则的变化

当我们与不同的对象一起行走的时候，**行走的规则**需要有所变化。如果是两个人一起行走，行走的规则是以右为尊，以前为尊。也就是说，如果你是与客户、领导、上级一起行走的时候，应该让他们走右侧，走前面。如果两个并行的人是一男一女，则应该遵循男左女右的走姿礼仪，同时在上下楼梯、进出电梯时，或者走在深夜的寂静街道上，男士应主动走在女士的前面。

当**三人或者三人以上**在人多的地方或公众场所同行时，应注意不要勾肩搭背或者手拉手并行，这样会妨碍他人前进。

三人前行时，如果都是男性或都是女性，那么以中间的位置为尊位，右边次之，然后是左边；如果是一位男士和两位女士同行，那么男士应自觉站在最左边的位置；遇到多人同行时，谨记中间始终是尊位，最左侧是最次位的原则即可。

下蹲须雅观

这么蹲下没走光吧!

站、坐、走、蹲在生活中都是常见的姿态，不过因为蹲姿使用频率较低，其礼仪规范往往会被忽略，但其实不论男生女生，在需要下蹲的时候都应该注意**身姿的调整**，避免走光等不太雅观的情况发生。

蹲姿的适用场景一般有物品意外掉落时，需要弯腰或者俯身去拾取；清洁办公工位，需要蹲下打扫桌下死角；整理自身着装打扮，比如系鞋带、整理裤脚、整理裙摆等。

蹲下本质上是很简单的动作，比起需要有意识地抬头挺胸、收腹挺腰，才能纠正自己的站姿、坐姿、走姿，蹲下往往是个下意识的举动，有时候在你蹲下重新站起时，才会反应过来刚才自己的蹲姿不是很合适。

当你习惯了良好的蹲姿，掌握了一些要领，就不会在蹲下的时候觉得双手、双腿无所适从，不知道怎么放才好，也不会在站起后懊悔前一刻蹲下时的姿态不够妥帖。

● 常见蹲姿

你这是干吗呢？

不懂了吧！我这是在学习正确的蹲姿，就是重心不太稳！

最常见也是最容易学习的蹲姿是**高低式蹲姿**。高低式蹲姿中，在下蹲前先双脚一前一后分开，前脚的脚尖到后脚脚跟的距离应不超过肩宽且大于半个脚掌，以避免下蹲时重心不稳、一屁股跌坐在地上的情况。

以左脚在前、右脚在后的高低式蹲姿为例，左脚整个脚掌应踩实地面，小腿与地面呈90度垂直；右脚则应前脚掌着地，脚后跟提起。从正面看，左膝高于右膝，右膝的内侧可往左小腿的内侧贴近，形成左膝高右膝低的姿态。臀部往下的同时背挺直、头抬正，寻找身体的平衡感。

当我们在行走的过程中突然需要下蹲时，可以采取**半蹲式蹲姿**。这种蹲姿要求我们在下蹲时，上身稍微弯下45度，臀部务必向下而不是撅起，双膝略微弯曲，保持一个较为自然的高低落差，只不过二者的高低差没有高低式蹲姿那么大。在整个动作过程中，身体的重心一般放置于前面的那只脚，双腿间的距离不宜过宽，在完成下蹲动作后，便可快速恢复为走姿。这种半蹲方式不仅能让你在必要时迅速做出反应，还能保证下蹲时的稳定性和舒适度。

得体蹲姿知多少

在得体蹲姿中，首先，要注意**下蹲的速度**，特别是前进的过程中不要突然下蹲，以防后面的人躲闪不及，造成双方受伤。即便不是在行走中，也要平稳地蹲下、起立，放慢速度才能保持重心稳定。

其次，非常重要的一点是要始终保持做到**单腿下蹲**的姿势。尤其是当穿着短裤、短裙这样的情形时，更是要尤为注意。因为如果在这种情况下采用双腿下蹲的方式，那么就极有可能会出现一些不太雅观的场景，这不仅会让自己感到尴尬，也可能会给他人带来不好的观感，所以一定要谨慎对待这一细节。

再次，要注意**下蹲的方位**。一方面，在下蹲时要和身边的人保持一定距离，才不至于与他人发生碰撞或者被他人误伤；另一方面，在他人身边蹲下时，要侧身面向对方，具体来说就是膝高的那一侧腿离他人比较近。

握手展文明

握手是表示友好的重要象征。自古以来，握手被视为"化干戈为玉帛"的符号，当一个人向你伸出手想同你握手时，就说明他在表达自身没有携带武器，放下了防备，希望与你进行毫无隔阂的沟通。

握手作为一种基本礼仪，在**言行举止规范**中发挥着很大的作用。不论是个体与个体，还是团体之间、国家之间的交往，常见握手这一举动的存在。它打破了语言的限制，消除了猜忌，加深了双方的信任。

握手不仅仅是简单的身体接触，它蕴含的内涵极其丰富，所能表达的情感和信息也是多种多样的。从轻柔细腻到坚定有力，不同的握手方式可以传达出尊敬、友好、信任，甚至是竞争等多重情感，成为人与人之间沟通的一种非言语方式。因此，深入了解和学习如何正确地握手，不仅能够在日常社交中展现出良好的礼貌和修养，还能在不经意间加深人与人之间的情感交流和理解，增强彼此之间的联系。

● 握手的基本方式

行握手礼时一定是用**右手**，如果在准备握手时右手正在做事，或者手部肮脏、潮湿，应该向对方说明，摊开手心表示歉意。如果对方执意要握手，手一直悬空等待，那就要立刻清洗干净手部，与对方完成握手的动作。

顺利签约，恭喜双方达成友好合作协议！

握手应在两人相隔**一步距离**时进行，不必距离很远时就举起右手，也不要距离贴近后再握。伸手的同时上身稍微前倾，有种"迎"上对方的感觉。四指并拢，虎口张开，拇指向着对方，整个手掌呈现45度角倾斜的状态。

双手握住后，虎口相交、拇指相扣、四指相握。相握时间大概是3秒，或者在握手的过程中，可以轻轻地上下垂直晃动三到四次，之后便可松手。切忌因为紧张过度，在手刚接触时就立刻甩开，或者攥着对方的手不放，这都是相当失礼的行为。

握手礼的基本含义是表达友好，所以在握手的时候一定要注意**表情**的舒缓以及**眼神**的交流，在看着对方的同时，保持微笑，轻微点头，才能充分将自己的友好情感传递给对方。

● 握手的顺序

　　握手礼仪一般遵循**"位尊者先伸手"**的原则。先伸手的具体情况是：工作应酬场合上级优先伸手，亲戚间串门时长辈优先伸手，到他人家做客时主人优先，男女见面时女士优先，聚餐社交场合先到的人伸手迎接后来者。

　　当出现需要一个人同时和多人握手的场合，此时仍然要遵守"位尊者先伸手"的准则，也就是等待尊者先伸手，然后再伸手握住。也可以按顺时针方向依次握手。

　　如果在家族聚会中，女性遇到的男性是辈分相当于她父辈的年长者，一般情况下，女性应该先伸手以示尊重。但是，如果女性不满18岁，而对方男性的辈分高至祖父级，则应由男性先伸手，这样更符合礼仪。

　　一般来说，握手礼在大部分情况下都应该遵循**"尊者先"**的准则，但是也会出现对方忽略礼仪已然先伸手的情况，此时应积极地回握，不应该让对方的手滞空太久，陷入尴尬。

握手的技巧

除了握手时伸手的顺序，握手礼还十分注重**时机、力度、手型**。

握手的时机其实是指伸手的时机，伸手伸得太早对方没有及时接住，或者伸手伸得太晚让对方的手滞空了，双方都会陷入尴尬。此外，还要留心握住手后的时长，特别是面对初次见面的异性，如果握手的时间太长，会给对方留下"不怀好意"的印象。

握手的力度需要掌握好，握得太重了，会让对方觉得你热情过度，甚至有点粗鲁；握得太轻了，会让对方觉得你缺乏诚意，心不在焉。特别是男性在握女性的手时，不宜握满全手，只握对方手指部位，轻轻上下晃动几次即可。

握手的手型是指握手的标准规范，握手一定要根据基本方式去握：拇指不要乱摸，手腕不要扭动，掌心不要朝下。还要注意除非特殊情况，不要使用"三明治"握法，即左右两只手把对方的手夹住，尤其是同异性握手时。

● 握手的注意事项

握手是一个充分展现文明礼貌的行为，通过这个"小动作"可以看出一个人的素质教养，所以，在正式社交场合一定要注意**规避握手禁忌**：

（1）与他人握手的时候，目光要看着对方，切忌左顾右盼、漫不经心；

（2）不要在握手时，另一只手插在口袋里；

（3）不要边握手边跟旁人说话，忽视眼前的人；

（4）不要毫无表情地握手，一言不发，一副无视傲慢的状态；

（5）不要在握手后当着对方的面立即擦拭双手；

（6）不论男士还是女士，握手前都应该脱下手套、摘下帽子。不过女性在晚宴场合，为了配合晚礼服的着装，手套可以不用脱下；

（7）在多人场合下，切忌交叉握手，即人身处中间位置，右手握着一侧人的手，左手同时再去握另一侧人的手；

（8）在面对不同国籍的人时，要注意提前做好功课，关注握手礼的细节问题。

手势藏素养

特种兵用的战术手语真帅啊！我也要学！

在长期的社会实践过程中，手势被赋予了种种特定的含义，具有丰富的表现力，成为人们传情达意的最有力的途径，在体态语言中占有最重要的地位。**手势礼**发展历史更是久远，在古代中国的不同时期就有拱手礼、叉手礼、肃拜礼等手势，通过它们可以充分表达文明素养、礼教纲常。

个别手势甚至有**特定的语言系统**，比如聋哑人使用的交流手语，特种部队使用的战术手语，球队比赛时的裁判手语，交警指挥时的交通手语。

手势所传达的意义既可以是动态的，也可以是静态的，甚至同一个手势，在不同场合所表达出的感情也会有微妙差别。所以，学会恰当地运用手势传情达意，也能为自身的交际形象增添光彩。

日常手势的含义

　　招手是一种日常生活中常用的手势。当与对方有一定距离又不便直接喊叫名字招呼对方过来时，就可以使用招手的方式：单手举起，手臂弯曲，掌心朝下，五指稍微弯曲，以手腕为轴，上下轻轻挥动即为招手。但是切忌手臂、手腕不动，只反复弯曲四指，那是不礼貌的。

　　鼓掌是用来表示欢迎、祝贺、支持的一种手势，多用于颁奖、演出、比赛或迎接来宾。鼓掌时应右手掌心向下，左手掌心向上，用右手四指的掌指关节处有节奏地拍击左手掌心，这样的动作既拍得响又不会拍疼手。鼓掌的力度、频次会影响声响，所以，应视不同场合把控鼓掌程度应为和缓还是激烈。

　　挥手是一种具有多重含义的手势，既可能是告诉对方"我在这里"，热切地想让对方知道自己的位置；也可能是表达"再见"，与对方分别告辞。要注意，在挥手同他人打招呼或者告别时，眼睛要注视着对方，这样对方才能明确地知道你要表达的意思。

手势礼仪的规范

横摆式是最常用的手势礼仪。在保持标准站姿的前提下，左手五指并拢，虎口朝正前方，自然下垂放在裤缝位置。右手抬起，大臂与身体距离两拳半，大臂与小臂呈135度夹角，小臂与手掌成一直线，手掌掌心向上摊开，五指并拢。目光先看向"被指引者"，再看向右手指尖的位置，面带微笑，表达"您好，请进""您好，请"的含义。

请进，这边走！

当需要给嘉宾、访客、旅客等"被指引者"表达"请坐这里""请放这里"时，可以分别使用**下摆式（又称斜摆式）手势、上摆式（又称高位式）手势**。

下摆式是右手从右下方45度角的方向伸出，身体略微向前倾，大臂与身体距离约一拳，大臂与小臂呈弧形弯曲，目光同样是先看"被指引者"再看向指尖；上摆式与下摆式大体相似，主要区别在于右手向右上方45度角伸出，指尖不高于头顶。

● 其他手势礼仪

　　当我们要将物品递给他人时，最佳的方式是双手递交。如果不方便双手并用，也应尽量使用右手。应该直接将物品递到对方手中，特别是当对方伸出双手来接时；若将物品直接放在桌上，通常被认为是不礼貌的。

　　若双方距离较远，应该主动走上前把物品递给对方，同时要使物品有文字的一面或者默认正面的那一面朝上。递送的时候，也要使物品仍有拿取空间，方便对方接物。

　　与人交谈时**手势摆放**也是尤为重要的礼仪，不恰当的手势会使自己的形象在对方心目中大打折扣。比如在谈话中，单手或者双手插口袋，不论站姿是否优雅帅气，都会令他人觉得卖弄做作。

　　在向他人介绍第三者时，最**忌讳用一个指头指**着人介绍，包括与人沟通的时候，习惯性地拿手指或者笔指点对方，也是不符合礼仪规范的。

第三章

饭桌上也要讲分寸

有道是"吃品见人品，餐桌见三观"。餐桌礼仪于中国人的工作、生活以及社交领域占据着关键席位。从入座之初，到点餐之节；从用餐之程，至敬酒之时；从席间之谈，到离席之刻，经由一场饭局，便能知晓一个人的人品优劣、教养高低，以及言行举止是否妥帖。故而，若欲在他人心中留下上佳印象，于饭桌上的表现决然不可太差。

座次有序，礼节分明

来来来，张总您坐这儿！

座次礼仪是餐桌礼仪的第一门功课，如果坐错座位，那还没开始吃饭就已经给人留下不好的印象了，所以一定要了解就餐时的桌次、座次、入座等规范。

宴席上的桌次一般分为**主桌、副桌、宾客桌**等，作为宾客参加宴席时，一定要正确选择入座的位置，避免因为坐错位置闹出尴尬。

座次礼仪还规范了什么身份、什么年纪的人坐什么位置，以及入座的先后次序。遵循国际惯例一般以右为尊，其他原则还包括居中为上、前排为上、以远为上、面门为上。以整个宴席都是圆桌为例，在排除主桌的情况下，贵宾们应坐在靠近舞台，离出入口比较远的那一桌，且最尊贵的宾客应落座于圆桌的中间、脸朝出入口的座位上。

在餐桌文化中，座次礼仪不可小觑，看似简简单单一次饭局，有时候却会演变成一场没有硝烟的博弈。

● 入座次序

不论是坐圆桌、长桌、八仙桌、大宴，当我们作为宾客出席时，都应该留意**座位的主次**，千万不要不小心坐到主位上而闹出笑话。

正如前文中提到的，座次一般是**居中位、面门位**为尊，因此在圆桌上应该把座位中面对门口的中心位留给位分最高的贵客，比如年长的长辈、等级较高的领导、女士等。其他宾客则根据位分，以贵客位为中心向左右两边的位置坐，越靠近首席的位置越是上位。

如果是长方形的餐桌，主人可能选择坐在长桌的一端或对面以便招待客人，而其他宾客则根据亲密度和地位依次安排座位，确保每位宾客都感受到尊重和舒适。不同文化和家庭的具体安排可能有所差异。

在了解了座次顺序后，就能应对餐桌文化中的**让座礼仪**。

家庭聚会时，作为小辈的人应当让年长的长辈先就座；出席商务聚餐时，应当让领导、上级先坐；与朋友聚会时，应该让女士先入座；接待客人时，让宾客先坐。

● 入座规范

入座礼仪方面，除了位分的落座顺序要注意，还要注意入座前的招呼、入座时的姿态、入座后的仪态等。

先说**入座前的打招呼**。如果餐桌上已经有其他宾客到位，那么在准备入座和落座的过程中，都应向他人致意。当遇到熟人时要主动打招呼；若座位旁的人不认识，也要点头致意。如果是公共场合要与他人拼座，应先询问是否为空位，征得对方同意后再落座。

入座时的仪态不要过于大大咧咧、不顾他人。不要过于用力拖动椅子弄出声响，或者落座时动作粗鲁导致餐桌、餐具被碰撞到。也不要用跨过椅子的方式坐下，应在座位之间空隙足够的情况下，从椅子的左侧落座。同时，落座时要背对椅子的靠背坐下，不要把臀部朝向餐桌、食物或者其他已落座的宾客。

为使自己坐得舒适，可以在坐下之后调整一下姿势或整理衣服、仪容，但是这些整理的动作不应与入座同时进行，也就是不要边坐边整理，这样会给人留下矫揉造作的印象。此外，出门时一般会携带背包、挎包、手提袋等，用来存放随身物品。可以选择落座前将包包放到寄存处，或者落座后将其放在背后的椅子上，或者脚侧的地面上，尽量不要放在餐桌上，或者占用其他宾客的椅子。

最后是**入座后的礼仪**，入座后不要直接动筷子，应该等所有宾客都到齐了，主人招呼可以开宴了再开始动筷用餐，而不是一坐下就开始胡吃海喝，把食物都往餐碗里夹，这样做同样会让旁人觉得缺乏修养。也不要入座后就放松了，随意大声喧哗；讲话声音太大会吸引其他桌宾客的注意，这可能会造成同桌宾客的尴尬。

点餐周到，话题合适

从入座后到正式开始用餐，大部分的宴席、聚餐都会有等餐的过程，此时，**就餐前的礼仪**显得尤为重要。如果没有注意这段时间里的礼仪规范，可能还没开始吃就已经给人留下了不好的印象，或者奠定了聚餐不愉快的基调，导致宴会气氛不佳。为了避免这种情形，我们应当尽量不去扮演那个扫兴的角色。

餐前礼仪除了前文所提到过的座次礼仪、入座规范等，还包括点餐礼仪、餐前的聊天话题选择。

尤其在**点菜**时更须谨慎，若点菜不得当，可能会导致宾客还未开始用餐就感到不满，或者因为菜肴不合其口味或食量不足而感到饥饿不已。因此，点菜也是考验社交智慧的重要环节。

● 点餐礼仪

日常生活中，常见的中式宴席是先冷盘后热炒，先菜肴后点心，有咸有甜，有荤有素，最后还可以来点果盘解解腻，追求营养均衡。

聚餐点菜的时候**切忌独断专行**，不论是否自身熟悉的餐厅、菜品，都应该让别人先点，将菜单传阅给其他人，特别是如果到场的朋友有初次尝试该餐厅、菜品的人，更需要留意他人的饮食偏好、禁忌。

我要这个，还有这个，这些都要！

这一餐要大"出血"了！

与他人一起外出聚餐点菜时，还特别需要留意菜品价格、数量。点餐时不能看到想吃的菜品就不顾一切地点，需要权衡在场人的**消费能力**，权衡**菜品的价格高低**。同时，还应考虑众人的饭量，避免过度点餐，这样才不会造成食物的浪费。

如果是作为被邀请的人赴多人聚餐宴时，注意不要在点菜时过于积极主动，抢着点菜，除非东家盛情邀请一同点菜，那就可以点一个价格适中、口味又大众的菜品，并且询问宴会上其他人的意见，让其他宾客有被照顾到的感觉。

● 餐前话题

在**等餐过程中**，最适合闲聊家常或者闲谈公事，因为此时还没有开始用餐，嘴里也没有东西，聊天是适宜的，但并不是什么都可以聊，不然可能会导致宴席还未开始就已经冷场。因此，挑选一些大家普遍感兴趣而又不会引起争议的话题，可以使在场的每个人都能舒适地参与到对话中，从而建立良好的社交关系。

中国人虽然喜欢在饭桌上谈生意，但是用餐前的聊天话题不宜过于严肃、商务、沉重，一上来就把天聊"死"了是不利于整场宴会进行的。比如在商务洽谈型的聚餐中，不应在餐前就把合同拿出来，大谈愿景规划，大聊赞助资金，过于火急火燎的姿态不仅会让自己在谈判时失去战略优势，也会给合作伙伴留下较好拿捏、窘迫难堪的印象。

菜品佳肴、家乡家庭、职业发展、就学就业、兴趣爱好等都是比较适宜的**餐前"破冰"话题**。

初次见面时，如果双方之前并没有太多在线聊天或电话交流，等到点完餐之后，自然会有一段时间可以用于交流。在这个时候进行一些基本的自我介绍是个不错的开始。通过告诉对方一些关于自己的基本信息，比如你的名字、职业或是兴趣爱好，可以为双方打开交流的大门。

接下来，跟对方分享一下你的家乡是个很有趣的话题，可以聊聊家乡的风俗习惯、有趣的地方、特色饮食等，这不仅能增加话题的广度，还能让对方了解你的背景。这种轻松的谈话有助于建立初步的联系，也让双方在轻松愉快的氛围中享受餐点。

如果两位是学生，那么就读的学校自然可成为一个共同话题。你可以聊聊自己所在的学校、校园生活的一些有趣经历、你所学的专业，以及更多的共同点。这类话题不仅能让你们发现共鸣点，还能在不知不觉中拉近关系。也可以聊聊彼此的**兴趣爱好**，这是最容易拉近距离的话题。特别是设宴做东邀约客户一起聚餐的情况下，如果能在会面前通过其他合法合理的途径了解到对方的喜好，并投其所好地准备礼物或者打开话题，这样"有备而来"的举动，不仅不会让对方反感，反而会让对方觉得被重视。

菜品佳肴是一个万无一失的话题，人们可以分享他们最爱的食物。服务员在一道道上菜的过程中，如果自己对该家餐厅相对了解，也可以针对本店的特色菜给客人做介绍，这样的话题一般对方也接得上，不会陷入尴尬。或者聊聊此次聚餐选择的特别菜肴背后的故事。这不仅能引发大家对食物的共鸣，还可能激起对烹饪或美食体验的深入探讨。

这些"破冰"话题不仅可以让人们在餐前等待的时间里保持活跃，进而培养和谐的聚餐氛围，还能为后续的更深入的交流奠定基础。只要确保话题轻松、包容，且**每个人都有机会参与**，你的聚餐就能成为大家期待的社交活动。当然，不论是什么话题，一定要有来有往，不应自己一个人滔滔不绝，或者让对方说个不停。如果对方表现出不愿意深入讨论、展开畅聊的姿态，就不应该追问，不然反而扫了吃饭聚会的雅兴。

使用餐具，亦要守礼

不论是中餐还是西餐，都有一套对餐具使用的规范，那便是**餐具礼仪**。

中式餐宴上一般会用到筷子、勺子、碗、盘、碟、杯，除了这些之外，一般还会有湿毛巾、干毛巾、餐布、牙签等辅助餐具。

餐具的正确使用绝非小事，一勺一筷、一碗一盘的使用都是**文明**的体现，也是个人修养的体现。

当我们去餐厅用餐时，服务员会将餐具以一定的规则摆放好，这同样也是餐具礼仪，而不是"没有必要的装腔作势"。餐具的正确摆放体现了对该场宴会的重视度，而且合理摆放也能方便宾客用餐。

● 筷、勺

筷子既是"一双"，就应该两支一起使用，在餐桌上切忌拿着一支筷子到处戳菜品，或者一支筷子插立于碗中。中国人非常忌讳将筷子插在饭碗上，不论是一支、一双，还是更多支都不可以。

当使用自己的筷子取菜、用餐的时候，需要注意**几个"不"**：不巡筷、不翻筷、不嘬筷、不敲筷、不用筷子指人。

展开来说，就是不要拿着筷子长时间地在菜品之间"巡逻"，应该在起筷之前就想好要吃的东西，并大大方方地夹到自己的碗碟中；不要拿筷子在某个菜品中翻动，挑选自己喜欢吃的，如此一来别人想要夹菜时都是"被挑剩下的"；不要拿筷子在嘴里嘬，嘬完之后再去夹菜，这是很不卫生的表现；不要拿筷子敲碗、敲桌，这会被看作乞讨行为；不要边说话边拿筷子指人，这是很常见却又无意识的举动，所以一定要有意规避。

在中式宴会中，筷子往往搭配勺子一起用，因此使用勺子的注意事项与筷子大体相似。比如要学会用公勺盛饭、舀汤，使用汤勺的时候不要慢慢腾腾。

● 碗、盘、杯

中式菜肴一般需要用到饭碗、汤碗，在使用饭碗的时候不要把饭盛太满，不然在吃的时候就很容易掉饭粒；盛汤的时候同理，同时在喝汤的时候要使用汤勺喝，而不是直接整碗汤往嘴里送；如果是太烫了可以用汤勺轻轻搅拌散热，尽量不要碰出声响，也不要过于粗暴地用力搅拌，导致汤汁洒出。

盘与碟的区别：一般盘子比碟子容量大，有些地域会用盘或碟来盛放经公筷、公勺取到的菜肴，也就是暂放食物用的；有些地方则会用来盛放食物残渣、骨刺等。当盘中的食物残渣较多时可以请服务员更换盘子，而不是任由它堆得高高的。

宴席上的玻璃水杯，主要用来盛放饮料。通常不用高脚红酒杯喝可乐，也不适合用白酒杯喝果汁。

根据自身在宴席上的**身份以及喝的饮品**决定水杯的饮品要不要倒满。以酒为例，倒满整杯酒有赶客的意思，这是十分不妥的。另外，当水杯闲置或者实在是喝不下酒了，也不应将水杯直接倒扣，这也是无礼的举动。

其他辅助餐具

现如今较有格调、相对讲究的中餐厅，大都提供餐巾、湿毛巾、干毛巾等，用作擦手、擦嘴、隔离污渍，所以聚餐时应注意不同餐巾的使用规范。

餐巾的使用也有几个"不要"：

1. 不要将餐巾像口水巾、围兜一样掖在衣领上，围在肚子上。

2. 不建议将餐巾的一角压在盘子底下，这会导致客人起身离席时，拉扯到餐巾从而带动餐具、餐桌布一起滑动，造成尴尬。

3. 不要乱用餐巾。当服务员将餐巾送上来时，不要既擦手又擦脸，既擦嘴又擦脖子，全然不顾餐巾的功能，不顾形象地一通乱擦。

餐巾的正确使用方式：将餐巾轻轻摊开后放在双腿上，就餐中途要离席时可以将餐巾放在座椅上，表示该座位的主人用餐还未结束，还会回来。

除了餐巾，**牙签**也被公认为是辅助餐具的一类。在使用牙签的时候，尽量不要当众剔牙。如果实在觉得口中有异物难耐时，应用一只手掩住口部。

吃饭敬酒，姿态优雅

　　用餐礼仪是餐桌礼仪的重头戏，因为用餐是一件轻松且愉快的事情，在美酒佳肴面前人们有时会忘乎所以，导致不注意礼仪规范。

　　开始用餐后，餐桌礼仪体现在**吃相**上，一个人的吃相指的是他在吃喝时的言谈举止，具体而言包括夹菜、吃菜、喝水、倒茶、敬酒、说话礼仪等。进一步来说，夹菜的行为包括用筷子夹、用勺子舀；吃菜的行为包括进食米饭、汤羹、菜品；喝水则是泛指，包括喝白水、茶水、酒水、饮料等；倒茶、敬酒属于需要十分注重主次顺序的行为；说话礼仪是指在餐桌上说话的音量、语速、语调、语气、姿态、话题等。

　　一次聚餐短则十几分钟长则几个小时，在这段时间里蕴藏着许多礼仪细节、社交要领。做好这些细节点，能在极大程度上塑造良好的个人形象。

● 夹菜

夹菜分为给他人夹、给自己夹。在给他人夹菜的时候，首先，注意一定要 **使用公筷**，不要用自己的筷子直接为他人夹菜，这是不卫生的行为。其次，夹菜时的量，不是夹得越多就越好，过分的热情有时反而会令他人陷入尴尬。最后，要考虑当事人的意愿，如果对方并不愿意接受夹菜这个行为，也不要强迫对方。

这么多菜都让他一个人吃了！

与给他人夹菜相似，在给自己夹菜时每次的量也不宜太多，一方面避免碗碟盛放太多东西放不下，导致溢出不卫生；另一方面也要照顾到他人的食量。

夹取食物的时候讲求 **干脆利落**，不要夹起后扭扭捏捏，不要在菜品里翻找自己喜欢吃的食物，或者边跟旁人聊天边夹取食物，这会导致菜汁、汤汁滴得到处是。

若是餐桌上有转盘，应等他人夹完菜再转到自己面前夹。遇到邻座需要夹菜的时候，要 **注意时机**，尽量不产生碰筷子的状况。夹到食物放入自己的碗碟中后，即便反悔不想吃，也不要再放回菜盘里。

● 用餐

吃饭不是演奏会，即便是心情很好，也不要在多人宴会上用筷子、勺子碰撞出过大的声响，引得其他宾客侧目。饭桌上与人交谈时，也**不要高声喧哗、大呼小叫**，特别是在相对高端典雅的餐厅，过于高调的用餐行为会影响餐厅内其他客人用餐的心情。

中国人在饭桌上谈事情已成为一种**常见的社交方式**，"静音模式"吃饭反而少见，但即便是为了洽谈事宜，也要讲究一些细节礼仪，尤其要注意的是不要边吃边说。

嘴巴含着饭菜，边吃边说话的用餐习惯有许多方面的不良影响。对自身而言，边吃边说话，容易被食物噎到、呛到，特别是在吃细小骨刺的食物时，还可能导致骨刺卡喉咙。除此之外，边进食边说话还会引起消化不良。

对饭桌的其他人而言，嘴巴装着食物说话，是吃相不好的行为。一方面说话时会含糊不清；另一方面嘴巴里的食物也会因为说话儿喷洒到饭桌上，甚至是别人的饭碗里、脸上，这也是很不卫生的。

敬酒

在宴会上，常有敬酒环节。如今考虑健康与安全，常用茶替酒，不过无论饮用什么，都是为了增添喜庆气氛。

敬酒时需要留心斟酒的**酒量**、敬酒的**时间**、敬酒的**顺序**等细节。

一般情况下，参加宴席时应由服务员或者东道主进行斟酒，不过酒过三巡后，大家喝得较为随意，斟酒的人往往也不局限于某个人。在给他人斟酒时，要注意斟酒的速度或酒杯的酒量，斟酒动作太快、倒得太满，都可能造成失礼。

宴席上的敬酒时机一般也是特定的，以不影响宾客、客人正常用餐为主要考量，所以往往会在宾客都落座后再开始敬酒。

敬酒应先由东道主、长辈、领导举起酒杯，有请其他人一起干杯。在这个过程中，可以适当说些祝酒词，增加宴会氛围。说完祝酒词后，再与其他人一同饮酒。

当别人向自己敬酒的时候，如果对方比自己位分高，碰杯时酒杯高度应略低于对方，同时，也要适当地回应对方说的话，不要像个闷葫芦待在原地。

后会有期，优雅离席

　　天下无不散之筵席，一场宴会有开始就有结束，有入席就会有退席，而退席也有相应的礼仪。

　　不论是中途离席，还是宴散退席，都不能一声不响地离开。正如入席的时候需要跟在场的其他人打招呼，离席也有**离席应有的招呼**，哪怕是简单地说声"我有事，先走了""今天吃得很开心，下次再会"，也是对宴席上其他人的尊重。离席打招呼，不仅是对参与宴席的客人的尊重，也是对主持宴席的东道主的尊重，即便是东道主也不应该突然离席，这会让客人们陷入尴尬，不知所措。

　　离席的时候不应"隐身式"地"消失"，但也没必要"明星式"地高调离开。要离席了还到每个餐桌走一圈，高声说要离开了，仿佛需要每个人都来送自己，这反而喧宾夺主。

● 提前退席

　　提前离席要起身离开座位时，也应该大大方方，既没必要畏畏缩缩，也不要大张旗鼓。如果是**暂时离席**，离开接个电话、处理一点私事、到卫生间如厕等短时间离开座位的情况，可以简单跟同席的熟人或者邻座说一声，一方面表达对突然离席这一举动的歉意，另一方面也是向其他人传达一个信息——这个座位有人坐，只是暂时离开了。

各位！不好意思，我有事要先离开，我自罚一杯！

　　如果是因为临时有事或者身体不适无心再继续应酬，需要提前结束参会，就需要找到主人家，或者做东的那位，或者年长的长辈向他们**说明需要提前离席**。说明的内容，在方便的情况下可以讲明理由，以便获得对方谅解；说明的语气，应该平和，不要过于强硬；说明的时间，应当简明扼要，不要变成拉着主人站在原地唠嗑半天，拖拖拉拉的也不成体统。

　　现实生活中，因主题不同、对象不同会存在不同类型的宴会，除却参加婚宴、家宴等，大部分场合下在离席时还会涉及结账的问题。特别是提前离席的情况下，应向聚餐的发起人或者共同用餐的其他人了解清楚账单要怎么结算、分摊。

正常散席

在大部分中式宴会上，菜品是**依次上桌**的，宾客们则是在菜品依次上桌的过程中**依次享用**，等到最后一道菜上桌的时候差不多也是一场宴会将近散席的时刻。

在诸如婚宴、庆典这样的盛大场合，餐桌间的相互观照成了一种无声的交流。人们会在品尝美食的间隙，不时抬头望望四周，观察其他餐桌宾客的用餐状况，从而判断自己是否应该离席。这种默契，看似不经意，实则包含着对他人的尊重与体谅。新一轮的菜品上桌，又会使得宴会现场的氛围重新焕发活力，宾客们再次投入美食与交流之中。

宴会中不少细节都需要留心。比如用餐接近尾声，当感到自己已经吃得差不多，便可以慎重地询问同桌人是否也已吃饱，看是否有共同离席的意向。在这个过程中，必须考虑到他人的感受，如果对方还欲继续享受宴会，那么，应尽量避免再三邀约，以免造成对方的尴尬或不适。

此外，宴会的离席更像是一种艺术。若想礼貌离场，必须注意**时机与方式**。一方面，若主人家或东道主正忙于处理宴会事务，就不宜冒昧打扰；另一方面，若找准了合适的时机，应当向主人家或者东道主表达谢意，并客气告辞。如果主人家确实忙碌到无法与之直接告别，也可以选择和他们的亲属或友人打招呼，通过他们传递自己的感激与告别。

最终，宴会的结束并非单纯地意味着离席，它还代表了从礼仪的角度落幕的一次盛宴。每一个动作，每一次交流，每一个眼神，都在默默传递着尊重与友好。如何优雅地告别宴会，成了衡量一个人社交能力和礼仪素养的重要标准。

在国内的餐厅里，常常会看到中国人在饭后抢着买单的行为，这是属于中国人的一种**社交文化**，但是抢着买单也要适度。如果自己就是本次宴会的组织者或者东道主，应该主动在**席间**就完成买单行为，这也可以有效避免抢着买单；也可以倡议参会的人进行AA制付款，由自己先进行买单，再各自转账。

另一种情况，如果自己是作为客人受邀出席，也可以提出想为东道主分担账单的意愿，但如果对方坚持要承担所有费用，在一两回合的交涉后，也就不要在座位上或者结账的前台拉拉扯扯，观感不佳且会妨碍餐厅其他客人付款。

人际交往中，不可避免会出现饭局社交，从入座的那一刻起到散席离场，这个过程中藏着许多餐桌礼仪，每一个想规范自身言行举止的人都可以好好琢磨，尽量做到不失礼仪教养，从而在他人面前树立良好形象。

第四章
职场中掌握分寸很重要

　　对于职场人来讲，职场中的分寸感意义非凡。在职场社交里，应当明白与同事、上司保持恰到好处的距离，既不能过分亲昵从而丧失专业形象，也不能过于疏离以致显得冷漠无情。发言之际需要留意措辞的尺度，防止因言语失当引发误解或者冲突。还要清楚在合作时明确职责的界限，不过度插手他人工作，也不推卸自身的责任。

　　那么，到底要如何拓展社交圈、维护社交关系、做好社交礼仪呢？这些便是接下来我们要深入探讨的内容。

爱好可抵岁月漫长

人是社会性的动物，总处于一定的社会关系之中，对于职场人来说，**主动拓展社交圈**是非常有必要的。

所幸，随着科技的进步，人与人之间进行沟通的**通信工具**也更加便捷，打破了时间与空间的限制，人们拓展社交圈广结好友的方式也因此不再那么单一。

我们都生活在大致相似的**社会系统中**，一个家庭、一个社团、一个公司都是社会系统，所以往往也是基于这些组织去拓展社交圈，去与不同的人建立不同的社会关系。比如，通过父母的人脉认识可以指教自己的前辈，经由同好的介绍去认识更多的同好，受到上司的举荐跳槽到更好的企业。

除此之外，我们还可以通过网络交流平台进行交友，通过参与**社群线下活动**进行交友，只要愿意付出精力和时间，一定能够收获更广的人脉圈子。

打造职场圈

对于职场人来说，打造一个适合自己的**职场圈**十分重要，毕竟在职场中，与人社交是必要的，但是过多的无效社交又会产生内耗，浪费人的精力与时间。每个人的精力都是有限的，时间更是宝贵的，有的放矢地进行有效社交才能真正地助力职场人在职场生存。

首先是**保持自我，适度真诚**。拥有个人魅力的人更容易吸引到别人，能够把自己当品牌推销出去的人更容易给人留下深刻印象。一味地人云亦云、随波逐流，一方面会让同仁觉得自己是在拍马屁，另一方面会让上级觉得自己缺乏自信、缺乏独立思考。

需要注意的是，保持自我并不是封闭自我，与人交往的时候适当透露自己的真实想法，会让对方觉得被信任，随之也会放下防备、展露真诚。另外，表达真诚需要适度，盲目地对所有人都掏心掏肺是傻气，随时随地直抒胸臆也并不会被认为是率真。

其次是**明确目标，积极沟通**。想要打造属于自己的职场圈，就要先明确进行社交活动的目的，从而对不同的社交对象采取相应的社交策略。比如与上级进行社交，可能是因为想从他身上学到专业知识，或者得到他的赏识，进一步获得加薪、升职的机会。明确目标后就会围绕着目标积极地去展开行动，积极展现自我，主动与上级建立"传帮带"的关系。

最后是**细心用心，胜之在微**。一个人对另一个人建立印象或者改变印象往往是因为细节举动，因为被细节言行打动从而产生想与之展开交往、建立社会关系的想法。职场中的细节言行有很多，比如新同事入职后，要尽快记住其他同事的姓名、职位，不要喊错；出差回来后，可以为不同的同事带回一些当地特产。

通过以上方法便可以快速建立起牢靠且长久的职场关系网，收获高质量的人脉关系，让职场生涯更加顺利。

● 寻找同好圈

　　职场人因为平时工作繁忙，往往会造成公司、家里两点一线，除了家人就是同事，再无其他社会关系的情况。但是想要**打破单调的社交圈**，还得主动出击、积极作为，通过寻找与自己有共同爱好的圈子，与同好圈里的人去建立交往，就是一种很好的拓展社交圈的方式。

　　在寻找**同好圈**之前，最好是先有自己的爱好。如果本来就有爱好，那就在寻找小圈子的过程中重拾爱好；如果本来没有爱好，则可以在逛不同的同好圈时，找到感兴趣的爱好，培养爱好。

　　比起过去，现代人拥有更多休闲娱乐、放松心情、调节压力的活动。这样的活动既可以是阅读书籍、绘画唱歌，也可以是莳花弄草、逗猫遛狗，还可以是健身运动、烹饪等，丰富多彩，因人而异。

　　借助网络的力量，可以很轻易地找到相应兴趣爱好的**社群组织**，可以结识到不同年龄、不同性别，甚至是不同国籍的人。而每一个兴趣圈子都是由拥有相同爱好的人组成的，找到喜好的那个并加入，就能有效拓展社交圈。

● 去参加活动

参加线下活动往往也是基于兴趣爱好，只不过有些人比起隔着屏幕对话，更喜欢面对面地谈天说地，或者有些爱好只有通过线下活动，才能得到更具象的表达。这种情况下，就需要职场人多多关注一些活动通知，因为线下活动一般会有活动时间、活动地点、参会对象、参会方式等条件限制。

企业本身就是一个有效获取线下活动信息的渠道。比如与该企业所在行业相关的论坛、展会，跨部门举行的联谊会，阶段性的企业文化活动，都会通过公司这一平台去发布。

除了自身所在企业发布的活动通知，平时在生活中，也可以留意**社区**张贴的公告，或者活动方在**自媒体平台**上发布的活动信息。通过报名参加不同主题的线下活动，可以结交到形形色色的人，比如在马拉松比赛上见识到耐力超群的人，在学术论坛上结识到行业翘楚，在艺术摄影展上找到品位相同的人。

层级须靠换位打破

我会带领我的团队再创佳绩！

　　职场中的**人际关系**是每个职场人都需要面对的，处理得好就是机遇，处理得不好就是挑战，所以对于很多职场人来说，职场人际关系是比工作内容本身更难应对的问题。

　　在职场中以自身岗位、自身所在部门为圆的中心向外辐射，我们会遇到不同的人，也就会遇到不同的人际关系。

　　首先是自己的**同事**。同事是每个工作日在公司都会朝夕相处的人，与同事处理好关系会对自己的工作有很大的帮助。反之，就会延伸出很多耽误工作的麻烦。其次是上级。**上级**拥有更多的话语权、决策权，但是有时候上级在安排完工作事宜后，就不会与下级有更多的沟通。与上级处理好关系会影响自己在这家企业的地位、薪资、晋升、人脉等。反之，如果处理不好，就会成为一个人的离职理由。最后是与**下级**的沟通。一个好的上司是善于与下属沟通的人，因为懂得选贤用能，懂得"带兵"才会打仗，依靠团队的力量才更能打胜仗。

● 与上级的关系

"打铁还须自身硬"，企业不是福利机构，它讲求利润效益，所以能够为企业、部门创造价值的人更容易受到上级的青睐，所以想与上级处理好关系，第一步是提升**自身的能力**。不论是处理本职工作的能力，还是其他附加技能，自身具备的能力越多，越能给上级留下好印象，获得与他建立良好关系的"通行证"。

"知己知彼，百战不殆"，想要与上级和谐相处可以试着了解他的行事风格，在工作过程中，就要主动充分了解他的需求，作为领导总是更喜欢积极的人，而不是等着被布置、被安排的人。只有了解清楚需求后，才能有效解决问题。一次次交付令上级不满意的工作结果，会导致领导对自己的能力失去信心，对两个人友好关系的建立失去耐心。

学会反馈。主动汇报也是一种了解领导的想法，同时也能让领导了解自己想法的方式。在每一次工作中，可以根据阶段性成果向领导汇报工作进度，同时也可以反馈工作上遇到的难点，需要领导出面解决的关键点。这样领导就会知道交代的工作是在推进的，下属是需要自己的。

与平级的关系

与自己平级的同事既可以是自己职场生涯中的"好战友"，但也有可能成为自己工作进程中的绊脚石。比起和上级的相处，和同事的相处是更加频繁的，这也意味着会有更多的大事小事、细枝末节需要对接。如果人际关系不良，就会极大程度地影响工作进度。

与平级同事沟通时，要学会**抛弃本位主义**，学会**换位思考**。大部分职场人在职场求生存都不容易，不要理所当然地觉得对方帮自己做某件事是应该的，也不要想当然地觉得某项工作是非常简单、快速就能解决的，要设身处地地考虑对方在执行过程中可能遇到的难处，以及需要付出的精力、时间。

想要与**平级**维系好关系，还需要保持尊重、态度良好、积极沟通、尽职尽责。

不懂得尊重他人的人，在职场中往往会惹人嫌恶，毕竟人人平等，谁也不比谁高贵；态度决定一切，以消极态度应对工作的人，同样也很难获得积极的反馈；常常推卸责任、浑水摸鱼的人，最后该负责的工作还是会回到自己头上，而且无人愿意再提供帮助。

● 与下级的关系

在职场中，不论上下级的年龄差距如何、履历经验如何，无形之间在两者之间总会有"一层台阶"。即便两人亲密如朋友，在工作场合中也需要**就事论事**，不偏私不偏帮。

作为**管理层**，自身要有魄力、实力，才能服众。但即便能力再强也不能大包大揽，不给下面的人表现机会，要学会信任下级的能力，充分放权，才能收获人心。反之，也不能仗着有能力、位分高，就总是端着架子，在与下级沟通时采用威压、摆谱的方式，这同样会失掉人心，与下属的距离越来越远。

作为管理者，需要担负起凝聚团队力量、发挥集体价值的责任，过于严厉的狼性文化管理是不可取的，过于放纵的甩手掌柜式的管理同样不可取。因此，把握好与下级沟通时的尺度是处理好上下级关系的关键点。

当下级工作表现出色时，要及时鼓励嘉奖，不要让下级的做事积极性冷下去；当下级出现工作失误时，也要提出批评指教，不要让下级独自去处理问题、独自善后。

礼貌是社交的前提

　　职场社交礼仪与一般社交礼仪有所区别，它主要适用于职业场所，在职场礼仪面前甚至没有男女之分、老幼之分，只要你是一个职场人，就应该遵守既定的职场礼仪。

　　不管是面对面，还是线上沟通，都需要注意职场礼仪。与人当面接触时的职场礼仪包括但不限于仪容仪表，握手礼仪，交谈时的姿态、谈吐、表情等；不论是用电话、短信，还是使用电子邮箱等通信软件与对方展开沟通时，还须注意通信礼仪。

　　一个人纵然才华横溢，能力出众，却不懂得**职场处事技巧**，忽略职场礼仪，也很难给人留下好印象。所以了解职场礼仪，并在恰当时机应用，有助于职场人建立良好的职业形象，会使一个人在工作中左右逢源，得心应手，使得职业道路走得更加通畅。

● 交谈礼仪

在职场中，免不了要与上级、同事、下属、客户等角色进行对话，在交谈过程中，面部的眼神、表情，说话时的语气、语调、语速，身体的动作变化，都会影响对方对自己的印象。

首先要注意交谈时的**眼神、表情**。与同事或者上司交谈时，要看着对方以表尊重，但是也不要对话全程都盯着对方看，这会令对方感到不适，应该时而看着对方，时而垂眼点头。

看着对方的时候看向不同的部位，也会表达出不同的情绪，看着眼睛、鼻子、嘴巴等部位都有专注倾听的意思。

在交谈的过程中，还要配合恰到好处的**表情、语气、语调**等。比如看着对方说话时，不要恶狠狠地盯着，不要一副"冰山脸"，不要自言自语地大笑，不要语气委屈发一通牢骚。应该表情平和、放松，时不时微笑、点头。情绪管理技巧至关重要，在工作场合表情过于丰富，带着情绪说话，有可能会影响同事间的关系，甚至影响工作正常开展。

此外，在职场中与人交谈时，应尽量**避免不必要的身体语言**。当别人说话时，或者自己正在跟对方说话时，不要抓耳挠腮、动来动去、眼神乱飘，这样确实会引起他人的注意，但是往往也会给人留下较差的印象。

● 通信礼仪

　　技术的进步提高了办公的效率，电子邮件、移动电话等即时通信软件给职场人带来了极大的便利，随之也延伸出了通信礼仪。

　　电子邮件是相对正式的通信方式，在信函内应称呼正确、主题明了、正文简要、附件明晰、落款准确。即便是现如今的电子邮箱平台系统完善、操作简单，但是也不能忽视"把话讲清楚"的重要性。

　　通话礼仪包括打给对方、对方打过来、通话中、通话结束四种情况。当我们在给对方打电话时，接通电话后应先自我介绍，并讲明致电的原因，如果对方未能听清来意，应该耐心再次复述。

　　接电话要及时，不要让电话响铃太久，如果因为有事耽误了接电话，应该在接通电话后的第一时间表示歉意，并确认对方的身份以及致电的原因。帮他人接电话时，也应该在接通的第一时间说明自己的身份，并讲明机主并不在，可以请对方稍后再拨打，或者记下对方的致电原因代为转述给机主。

第五章

做个会聊天的人

　　能说会道是一个人的优势，但懂得沉默更是一种本事。一个真正会聊天的人并非滔滔不绝之人，而是懂得聊天分寸的人。

　　会聊天的人清楚什么时候该准确表达自己的内心，以及表达到何种程度；他们知晓什么时候该沉默以保留自己的观点，以及如何避免让他人陷入尴尬；他们深知有时候倾听比叙说更为重要，赞美比嫉妒更易收获信赖，无声的肢体交流比有声的口语表达更具成效。

初次见面，请多关照

人与人之间的关系都是从陌生到熟悉的。初次见面的第一印象尤为重要，交流能否融洽，两个人之间的关系能否更进一步，都取决于**第一印象**。

我们常常能听到"初次见面，请多关照"的寒暄，这是因为在第一次见面时，进入新的环境，总是担心自己有可能出现一些做得不够好的地方。说出这句话，就是希望其他人能见谅理解，并包涵不足之处。

前文我们已经谈了很多如何包装个人形象的内容，那些都是"静态形象"，接下来我们要讨论的是"动态形象"，讨论初次见面与人交流时聊什么话题、怎么聊以及聊天时的行为举止。

● 合礼的开场

初次见面的**开场白**非常重要，开场白没说好，就可能留下坏印象，直接终结这段尚在培养期的关系，因此一定要说好"第一句话"。此外，开场白也分不同场合，也就是说在不同情况下，应有**不同的话术**去应对。

在职场中，如果是作为新入职的职员加入企业，在有前辈领着自己到部门介绍时，可以凭着前辈带领介绍就好，自己只需要点头致意，并说句"你好"以示礼貌。因为，此时只是为了跟其他同事打个照面。而详细的介绍可以在办完入职手续，整理好自己的工位、办公用品后再找同事进一步聊清楚。

相应地，当有前辈领着新人来向自己介绍时，如无特殊情况，应放下手头的工作，起立回敬对方的问候或微笑着点头示意，并进行简单的自我介绍。在介绍时表情不要过于严肃，否则会让新人觉得自己不受欢迎，打击新人的入职热情。但也不要在跟对方还不熟的情况下，就调侃对方的名字、样貌、衣着，这也是失礼的行为。

● 合适的话题

　　初次见面，常常需要**聊天话题**来推进对白的一来一往。通常大家都不希望冷场陷入尴尬，所以就会极力去寻找话题，话题找得好就能"打破僵局"，两人的关系也能升温；话题找得不好，就可能会终止一段关系，或者让本来就不融洽的关系再度降温。所以，选择合适的话题展开聊天，也是每个想成为"聊天达人"的人需要锻炼的沟通技巧。

　　在两个人并不存在特定的社会关系，也就是两人可能既不是亲属、朋友，也不是上下级、同事等关系的情况下，聊天的话题应该更加**大众、宽泛、浅显**，因为两人大概率只是点头之交，或者只是交换过姓名而已。在初次见面时，就可以聊一下当天的天气、约会餐厅的美食、时政热点、娱乐八卦、双方的文化差异等。切忌在关系普通的情况下，就打听对方的家世、感情、薪资等隐私，会令对方觉得很冒犯。

　　当两个人有一定的了解后，就可以将原本比较表面的话题展开细说，聊一些更加拉近彼此距离的话题，比如共同的兴趣爱好、相似的工作经历。但是一定要等到关系更深的时候，才可以聊更加深入的话题。

● 合格的状态

一般情况下，大家在与人见面时都不希望呈现出局促得左右乱看、紧张得掌心出汗、讲话也支支吾吾等不佳的状态，这会极大影响对话的正常进行、约会的正常展开，所以一定要**尽力保持镇定、自然**。

千万不要为了追求给对方留下深刻印象而去做平时不做的事。比如平时都是淡妆素装，却故意化得成熟魅惑；不聊平时擅长聊的话题，却为了故作高深，去谈论并非自己熟悉的内容。这些反常举动固然会给对方留下特别深的印象，但是那并非真实的自我，一旦"伪装"不好，反而会闹出笑话。

"自然就好"，说起来简单但要做到确实需要一番琢磨。首先是**心理状态**上要克服紧张，"催眠"自己以平常心平常状态去应对会面，因为越是在意就会越刻意，越刻意则越不自然；其次，自然不是随便，人际交往中往往会出现**错把毒舌当率真**的情况，以为自己有话直说随心所欲是最自然的，但其实那是有损礼仪素养的。再次，可以通过**模拟练习对话**，来让自己在与他人见面时快速进入状态，越聊越渐入佳境。

平等交流，有效对话

　　擅长聊天的人都是能够与人**平等交流**的人，因为平等意味着理解、尊重，当对方觉得自己的话被理解了，自己的想法被尊重了，才是一次有效的对话。

　　平等交流意味着有**平等发言**的机会。每个人都会有想要表达自己想法的愿望，不是位分更高、嗓门更大、语速更快就能阻止别人说话，一通话堵得别人不好开口，这并不是有素养、有肚量的表现。

　　平等交流意味着**平等输出**想法。日常生活、工作中的聊天不是辩论，不是一定要争一个对错，把对方说得恼羞成怒、下不来台并不是本事，而且会伤了和气。更何况，自己的想法不见得就是正确的，即便是正确的，也不能强迫他人一定要跟自己的观念一致。百花齐放，百家争鸣，才是开放的话题环境。

　　平等的交流意味着**合乎礼数的措辞**。所谓"好好说话"就是在表达自己的看法时措辞要文明、简明。学会平等交流，让每一次对话都有效、积极，是构建和谐关系的重要条件。

话不投机半句多

正所谓"话不投机半句多"，两个人没有共同话题，你说的内容对方不感兴趣，那么，对话是很难平等有效进行的，对方即便听了也是左耳进右耳出的敷衍，因此，要学会说些能引起彼此聊天兴致的话题。

都说跟人说话时要会**察言观色**，其中"观色"就是在观察对方对自己所说的内容感不感兴趣、愿不愿意听。在对话过程中，当对方表现出很沉默，回应的频次、情绪都很低，或者漫不经心、答非所问，那就要明白自己所说的对方并不感兴趣，所以不爱接话茬儿。当对方的表现是不悦、尴尬、严肃、愤怒时，就应该打住话题，不要继续探讨或者辩论。

一旦多次令对方在双方谈论的话题上失去发言热情，那两人的关系也会随之疏远，因为对方觉得和你聊不到一块儿。社交关系中，一定不要让关系发展到"无话可说"的地步。

● 一言一语有来有往

好不容易找到一个双方都想聊的话题，也不要喋喋不休一直说，不给对方说话机会。要记住，平等的交流一定是**有来有往**的，而不是一个人的脱口秀。

两个人或者多个人刚开始进行交流的时候，不应该用通知式的措辞去和对方聊天。在发起话题时要用开放式的提问而非封闭式提问，也就是说，在陈述完自己的想法后应该问对方针对自己所述的某一个方面有什么看法，而不是问是否同意自己的想法。因为这会一下子堵住对方的话头，有些人碍于情面就会直接放弃反驳，选择沉默或者顺从，这无形中就会让对话陷入不平等。

打断别人说话是十分不礼貌的，就算是自己非常想表达想法，也要**在沟通中保持耐心**，不要很明显地表现出不耐烦的状态，并且屡次截断对方的发言。

平等的交流应**规避"一言堂"**，不能包容他人想法的人，既有可能是实力不足的人，也可能是不懂得团队协作、互帮互助的人。这两种情况都不能完成有效对话，更不能建立友好社交人脉圈。

● 释放真实情绪

如果对方一直说，但是你却隐藏自己的真实想法、感受，那同样不是平等交流。

人与人从陌生到亲密是通过一次次的接触、交流实现的，在这个过程中，双方的三观、感受相互交换，所以关系才会愈加熟悉。没有人喜欢总是跟善于伪装的人、虚伪的人、过于追求完美的人相处，因为这会非常有距离感、阶层感。

所以与人平等交流时要**适当地暴露**自己的想法、感受，让对方感受到自己的真诚、友好，才能收获一段长久且稳固的感情。不过自我暴露时也要注意分寸，学会在**关系对等、循序渐进**的情况下释放真实的想法。

关系对等是指要根据关系的亲疏去决定聊天的话题以及自我暴露的程度。

现代人很注重社交距离，交浅言深有时候不但不会让对方觉得自己被信任，反而会令对方感到有压力。

倾听，是一门艺术

一个聊天高手往往也是一个倾听高手。**学会倾听**才是真正的平等交流，才能更有效地进行沟通。

想要倾听他人，要先**放下自我，让渡发言权**。

过于自我，喜欢以自己为中心的人，常常是不会倾听的人，而不会倾听也会被看作无礼、傲慢、自大、刚愎自用。所以，想要学会倾听的第一步不是去搜罗一堆倾听技巧来学习，而是先把自己的沟通姿态放低一点。

学会倾听的第二步，是心甘情愿地让渡发言权，也就是我们反复强调的，要给他人说话的机会，要给他人表达想法的机会，不要总是以强势的、不容置疑的姿态去压制他人，令对方表面顺承实则怨气满腹。

当一个人肯放低姿态、肯接受他人的观点，再去学习并运用倾听技巧，聊天便能得心应手、用之有道。

● 眼神交流

有时，一个微妙的眼神胜过千言万语。所以，在倾听的时候，要**学会用眼神**跟对方交流。

当别人正在说话时，要适时看着对方的眼睛，从而表达"我在听"的信号，如果眼神能带上一点真诚，就是在表达"我在认真听"。值得注意的是，要时不时地看着对方，但一定不要一直盯着对方，比如当对方谈到一些与本次对话主题相关的关键点时，就可以用眼神"回应"一下。而且在看对方的时候，要控制眼神的力度，不要凶巴巴的，要温和、友善。

有些人自身也是害羞内向的人，所以在听别人说话时，不好意思看对方的眼睛，但是又不能闷声低头，应该怎么办呢？这时可以试着看对方面部的其他位置。比如看两眼之间的眉心区，或者左眼、右眼、鼻尖三点轮替着看。

不论与对方进行何种眼神交流，要注意：倾听他人时**目光高于对方头顶**，或者整个对话过程看都不看对方，都是无礼的行为。

● 动作交流

　　除了通过眼神交流来表达自己在倾听，也可以通过**肢体动作**来表达。

　　当对方讲到很有道理的观点时，可以通过轻轻点头和微笑去回应，表达肯定、赞同对方；当对方讲到令人苦恼或愤怒的地方时，可以轻轻叹气和微微皱眉去回应，表达和对方感同身受；当对方讲到十分惊奇、难以置信的情节时，可以坐直身体，眼睛相对睁大、嘴巴张开，表达同样被震惊。

　　倾听他人时要对他人说的话做出动作反应，是指与对方所述内容相呼应的反应，而**不是分心的举动**。比如，当对方讲得兴致勃勃，自己却在玩手机、回消息，这样漏听对方讲的内容，也会令对方觉得不受重视；当对方讲着悲伤难过的事，自己却不停地变换姿势，甚至做出憋笑的表情，会令对方感到羞恼。

　　不必要的分心举动比不做出反应更糟糕，不做反应也许可以借口是因为听不明白所以反应迟钝，但是分心举动则明显表达了对对方的轻视、对话题的忽视，这是十分不利于二者社交关系融洽的。

● 言语交流

倾听他人时的**言语交流技巧**有三种：附和、提问、复述。

附和他人要及时，话语不能太简短，语气不能太平静。比如当对方说了一堆话后，询问你的看法时，仅仅回复"嗯""你说得对"是不行的。"嗯"是一种很不明确的回答，而且如果语气处理不得当，就会显得很冷漠；"你说得对"则像狗皮膏药，如果想敷衍，不论对方说什么，只要说"你说得对"都能搪塞。

所以在附和时要适当扩展自己的表达，比如改为"你刚才说的某某方面，我觉得很对""确实，这个现象我也注意到了"等。

在一些场合下，对方讲完话后会希望你能提问，因为如果能针对聊天内容进行提问，大概率就是把话听进去，并且还做了思考。通过有来有往地提出疑问、得到解答的对话过程，也能大大提升彼此的分享欲。

为了表达自己确实听到了，也可以在对方说完后，复述对方说过的话，但是不要成段地重复，应该是抓住某个点复述对方的话，从而确认自己的理解是否到位。

赞美，是一种美德

在众多沟通话术中，赞美是最令人喜欢的，几乎没有人不**喜欢真诚的赞美**。因为赞美表示对一个人所说的话、所做的事的肯定与支持，能够极大地鼓舞一个人的做事积极性。

愿意赞美别人的人，善于赞美别人的人，也会被他人视为有修养。因为承认他人做得好，需要有包容心。而且这样的人往往也是心细的人，他们会去观察一个人的优点和做得好的地方，并**适时表达夸奖**。

赞美带来的收获是多方面的，但是赞美他人也**需要技巧**，如果赞美不得当反而会惹人不悦，令本来还算可以的关系反而变差。因此，一定要懂得一些赞美技巧。

● 具体有细节

赞美要**尽量具体**，而且最好**抓准细节**去赞美，从其他人没注意到的点去赞美，这样会令对方觉得你的夸奖并非拍马屁，会令对方觉得自己被重视。

很多人在夸奖他人时不得要领，觉得即便夸了对方好像也没有多大反应，只是淡淡地礼貌微笑而已。这正是因为夸得不够具体。

比如在办公室遇到别的同事，觉得他今天的穿搭很不错，你可能会说"你今天真好看"，有些同事的反应可能会略微高兴一会儿，对你说声"谢谢"；但是有些同事可能会开玩笑地反问"我哪天不好看"，这时场面反而可能陷入尴尬。因此，建议在夸奖对方时，应该具体化，如："你今天穿的这件裙子很适合你""你今天戴的这顶帽子跟你的衣服很搭配"。

赞美他人时还可以从一些**细节点着手**，这些细节点虽然并不是最能影响整体的地方，但可能恰恰是对方最花心思的地方。比如在工作汇报中，当然工作内容本身是最重要的，但是如果觉得对方的幻灯片设计得很漂亮，也可以对其进行夸奖。

● 真诚不做作

几乎没有人不爱听夸奖，除非那是虚伪的拍马屁。所以，赞美他人一定要**真诚**，符合实际情况，否则可能被当成阴阳怪气、冷嘲热讽。

真诚的赞美总是基于**真实的事实**。比如相亲，对方明明长相普通、打扮一般，但是初次见面就夸对方是"天上的仙女""此生再也不会看其他异性"，这样的赞美就有点夸张、不切实际。再比如，同事明明只是完成了分内工作，却对他说"工作完成得太棒，迟早要当总裁"，这非但不能达到赞美的目的，反而会令对方觉得古里古怪的。

因为真诚的赞美不是天花乱坠、信口开河的，明明没有的实力硬夸成职场精英，明明没有的美貌硬吹捧上天，明明没有的智慧硬说真知灼见，这些都是敷衍了事的客套话或者无根据的溢美之词。这样的话语说多了，不仅是被夸的人，就连旁人听了，也会渐渐形成"这人是马屁精""他是花花公子"的坏印象。

在职场交往或社交互动中，赞美别人似乎是一件简单的事，但要做到得体与真诚，则需要在**语言的把控**上下足功夫。

例如，面对一个同事的出色汇报，如果想让对方确切地感知到来自你的**赞赏和认可**，简单的夸奖语句需要变得更加丰满和详细。你可以说："在你的汇报中，那份关于市场趋势的分析尤为出色，你采用的数据支持你的观点非常有力。特别是你提到的那个客户案例，非常具有说服力，让我对我们的市场策略有了更加清晰的认识。"这样的描述不仅仅展示了你对同事工作的认可，同时，也反映出你确实在认真地聆听和思考。

赞美，当脱离了应付差事的腔调，融入了**细节的观察和肯定**，其价值便大大增加。有时一个任务的完成看似简单，却暗含着诸多的勤奋与巧思。当你注意到这一点并用语言表达出来时，对方就会感觉到赞美背后的深意，从而产生满足感和成就感。如此，赞美也由被动的话语转变为一种积极的、有效的沟通方式。

此外，赞美不该仅仅停留在业务技能上。若一个同事能在团队中发挥黏合剂的作用，调动团队合作的气氛，这样的软技能同样值得称道。对于这样的贡献，你可以补充道："你的积极态度对团队的影响是巨大的，这种精神让我们的团队凝聚力更强，工作效率也因此提高。"

真诚的赞美不仅让对方感到愉悦，也能促进彼此之间更深的**理解和信任**。一个恰到好处的赞美往往能够激发个人的潜能，也能增强团队的凝聚力。正是这些具体化、事实化的赞扬，构建出积极向上、支持鼓励的工作环境。在未来的职场生涯中，将赞美作为一种沟通的艺术，去细心雕琢每一句话语，那么你的每一次表扬都将成为促进个人和团队成长的催化剂。

时机与适宜

除了前文所提到的具体有细节、真诚不做作，在向他人表达赞美之情时，还要看准时机，要**夸得恰当**。

当你发现对方出现了值得夸奖的地方，就要及时大胆地表达赞美；当别人完成了某件事时，也可以对对方的作为表示赞扬；当别人在某方面成为标杆、榜样，就可以表达虚心求教的姿态，这同样是一种赞美的方式。

时机恰当的夸奖，会令对方的心情更加舒畅、欣喜，而不合时宜的夸奖反而会令对方觉得不适。比如，同事明明没有做什么特别事，你却突然对他一顿夸，这会显得没头没尾，会令对方觉得必定是"有事相求"才突然谄媚。

最后，赞美还需要适宜，用**适宜的表述**进行赞美。不能不顾对方的感受乱形容，比如想称赞女生很独立，却说她像个男孩子；也不要用评价式的表达，那样听起来像是点评而不是赞美，比如在小组会议中，同事都发言结束后，说"我觉得大家的发言都很有价值"；也不要不顾身份地位和角色的差异去赞美，比如自己明明是某个圈子的后辈，却在公开场合点评前辈"表现得不错，我对他有了改观"。

会聊天的人并不是天生就擅长口语表达的，每个人都可以，也都应该在日常工作、生活中慢慢去锻炼。聊好天并不难，只要用心，你一定也能成为"聊天达人"。

第六章

用分寸感应对多变化

　　分寸感体现在应对不同人际交往情景中。强弓易折，过于刚硬反而会让人与人之间的关系变得生硬，甚至会使得已经产生的尴尬演变成不可挽回的矛盾。因此，与人有矛盾时，或者想要拒绝他人时，要善于冷静应对，积极沟通，把握言语的分寸，用柔和的方式化解对方抛出的难题。当需要说场面话时，也不能一味地迎合附和，那样会显得不够真诚。说错话需要进行补救挽留时，也不能一味地只喊错了，而在行动上却敷衍了事。

求同存异，化解矛盾

在生活和工作中，难免会与家人、朋友、同事有意见不合的时候，这是很正常的。

我们在了解怎么化解矛盾之前，应该先以**平常心**去看待矛盾，不要害怕矛盾，有时候因为害怕产生矛盾，一味地隐忍、退让、妥协，反而会让矛盾、不满、愤怒像气球一样越吹越大，直到某一天达到临界点而爆炸，一发而不可收。

化解矛盾的最佳方法，应该是**感性和理性**相结合，一味理性会导致关系的疏离，一味感性则会导致无法解决问题。

因此，当两个人都在气头上，争论不休时就应该先靠理智冷静下来，先稳住自己的情绪，不要任由坏情绪一直膨胀，以免说出无法弥补关系的话。等两个人情绪稳定时，再讲明各自的观点，倾诉彼此的感受，充分交流彼此的意见，然后客观看待彼此的不同就好。

冷静倾听，尊重差异

当遇到意见不合的情况时，一定要按捺住"抢过话筒"的心情，先听对方把意思表达完，再表达自己的看法。有时候小矛盾变成大矛盾，小误会变成大误会，往往是因为没有听对方把话说完，话没说完整意思自然也表达不完整，自然容易闹矛盾。

在听对方说话时，一定要**保持冷静**，不要听到与自己意见不一致的地方，就立刻炸毛，任由坏情绪"驾驭"自己的行为，导致问题变得更复杂。

不论谁的意见更正确，或者最终采用了谁的意见，都应该让对方有表达的机会，并且尊重对方的想法，不要恶意曲解对方的说法，更不要贬低对方的思考，甚至上升至人身攻击。要知道讨论结果可以有对错，但是讲述意见的人都拥有平等交流的权利。

当试着倾听完对方的观点，并表示尊重和理解对方的想法后，就会发现本来剑拔弩张的局面会和缓很多，说不定还会发现对方的想法也不错，是一种另辟蹊径的做法。

● 积极沟通，寻找相同

遇到矛盾时一定要**积极沟通**，哪怕最后仍不能达成一致，但是至少为了"求同存异"努力过，至少在维系这段关系的行为上，可以问心无愧。

有些时候两个人看似火药味十足，矛盾激烈，实际上冷静剖析两个人的想法思路后，会发现是殊途同归，这也难怪有时候两个人吵到最后，反而都笑了，因为发现说来说去是一个意思。

这好比从一个地点驾车到另一个地点，其实路线有很多条，有的路线需要走乡间小路但是用时比较短，有的路线是要走高速公路但是用时比较长，而行程的终点都是一样的。如果明明看到导航上高速公路堵车，那其实改道乡间小路，欣赏一下乡野风景或许也不错。

所以当出现意见不一致的情况时，可以试着去**寻找共同点**，以此为思路去整理两个人所说过的话，可能会发现两个人其实利益一致、目标一致，只是方法不一致、说法不一致，这样一来其实选择哪一种方案都可以，既然都可以那也就没有争吵的必要了。

● 侧面委婉，避开锋芒

俗话说："凡事留一线，久后好见面。"人活一辈子确实会和很多人只是擦肩而过，只是一面之缘，但更多时候我们会有固定的朋友圈，亲戚、朋友、同事在某一段人生周期里，经常接触的都是那几个。所以，当有意见不合时，不要得理不饶人，也不要把话说得太绝对，要懂得**给对方留面子**，给对方台阶下。否则，今天吵翻了天，明天还是"低头不见抬头见"，就会令关系很尴尬。

如果对方是语气很冲地表达意见时，一定要**避开锋芒**，不要硬碰硬，可以先顺从他的意思再适时提出自己的看法。比如说"你的意思我明白，但是现在也还不急着拍板方案，我们可以综合多方意见后再确稿"。

如果对方的状态还算有商有量，那是最好提出自己意见的时机，不过在提出意见时也不能太直白。

总之，面对意见不合的情况时，一定要尽量**委婉地表达**自己的意思，情绪平和，即便自己是正确的也不要一副趾高气扬的样子，要学会谦虚待人，毕竟没有人能永远是对的。

勇敢说"不"，学会拒绝

　　每个人都会遇到与他人意见不合的情况，那自然也会有需要拒绝他人，不想和他人保持想法一致、做法一致、行动一致的时候。

　　但是现实生活、工作中，我们常常不知道怎么拒绝他人，仿佛拒绝他人就是"坏人"。当我们在犹豫要不要拒绝他人时，往往是因为害怕伤害到对方；害怕得罪了对方导致以后不能继续好好相处；害怕这次拒绝了下次正好有事必须请对方帮忙，对方也拒绝自己；害怕说错话，不知道应该怎么表达拒绝的措辞等。

　　然而，**学会拒绝**才是一种成熟的表现，每个人的时间、精力都是有限的，如果一味地顺应对方，什么事情都答应，大包大揽地讨好他人，最终只会伤害到自己，获得一段并不健康的社交关系。

　　以下三种拒绝他人请求的"组合拳"，希望可以帮助到所有想拒绝又害怕拒绝、不懂拒绝的朋友。

直接拒绝，转移目标

有些时候，对方正是知道你不太可能直接拒绝，所以才敢提出无理要求，并且变本加厉不断提要求，**拿捏住你的情绪**。如果直接拒绝他，对方反而会突然噤声，觉得意想不到，识趣地不再纠缠。就拿借钱不还来说，当对方觉得自己捏到了"软柿子"，就会变成"有了第一次，就有下一次"。

如果对方提的要求，自己是不用花费太多时间、金钱、精力等就能解决的，那自然可以大方地答应。反之，对方的请求令人为难，就一定要拒绝，因为在这种情况下，对方也并没有考虑你的感受。

真正的好朋友不会因为你拒绝他就讨厌你，通情达理的邻居也不会因为你的拒绝就怀恨在心、伺机报复，有肚量的领导也不会因为一次拒绝就给你"穿小鞋"。不顾你的感受一定要强迫你接受意见、请求的人，肯定也是没必要深交的人，而这样的人，我们**不必害怕失去**。

如果觉得直接拒绝太过生硬，还会得罪人，那可以试着在直接拒绝的基础上，加上**转移目标**。

当对方试图向你借钱时，你可以说"我的钱都是我老婆在管，得去问她能不能借你"；当对方想让你提供资料时，你可以说"资料我无权给你，我得请示一下领导"；当对方想要拖着你继续玩时，你可以说"我家有门禁，太晚回家我爸妈就不会再让我出来玩了"。

将能不能接受对方请求的决策权转移给他人，对方也就知道你是"想拒绝"的态度，识趣的情况下就不会再纠缠了。

含糊其词，装傻充愣

当对方提出的请求自己并不想去执行，或者感到为难做不到时，也可以试着用**含糊其词、装傻充愣**去暗示对方自己正在拒绝。

比如，当对方想继续讨论某个话题，但是你觉得并没有共同话题时，可以通过一些肢体语言来表达拒绝，眼睛看向别处或者漫不经心地回应对方，令对方感知到你在抗拒话题；或者趁服务员上菜、上饮品时，用"你觉得这家餐厅怎么样""你的咖啡快喝完了，我再给你叫一杯"等话语岔开话题。

再比如，对方想要借钱买房，你可以说"噢，现在房子是很贵呢，我就根本没钱买""现在房价多少啊，我因没什么钱就没咋了解""啊，你要买房啊，真厉害，我工作这么多年还在租房呢"。

这是间接表达拒绝的方式，聪明的人很快就能明白对方的态度。

● 拖延战术，暂缓决定

拒绝他人是一种既要**保全对方情感**，又要**维护自身利益**的艺术。有时，直接拒绝可能显得冒犯或过于生硬，而**拖延战术**则提供了一个更为委婉的解决办法。比如，当对方因一项急迫的工作来找你求助，希望你能够代为完成一份方案，你可以用冷静的态度做出回应，表明你手上的工作同样紧急。这时，你可以询问对方的截止日期，并以此作为判断和回应的依据。

如果对方的期限确实与你自己工作的紧迫性产生了冲突，你可以冷静提出合理的延期请求："我这周也是一堆急活儿，你看下周一我再帮你如何？"这样的回答既表明了你的合作意愿，又为自己争取到了时间和空间。它暗示了一种可能性——下周你可能会有时间，但同时也给了自己不承诺立刻行动的选择权。

然而，拖延并不是万能的拒绝策略。这种方法有时可能让对方产生一种误解——你最终会接受所有的请求。因此，掌握好时间节点至关重要。不是每个请求都适合用延长时间的决策来拒绝，有的任务可能因为这样的拖延而错过最佳处理时间。而且，反复使用同一种拒绝手段可能逐渐降低其有效性，人们可能开始看穿你的意图或策略。

三明治法，委婉拒绝

如果你既不想直接拒绝，又觉得不给对方明确态度不好，那可以采用**"三明治拒绝法"**去委婉拒绝对方。

"三明治拒绝法"又可以分为两种"做法"，一种是**"肯定+拒绝+肯定"**，另一种是**"理由+委婉+共情"**。以下是针对这两种拒绝方法的举例。

第一种，当别人找你帮忙时，你可以说："谢谢你找我帮忙，你能相信我的能力我真的很高兴，和你合作总是很愉快。但是我现在真的没空，老板催着我要先做好现在这份汇报。我是真的挺想帮你的，下次我不忙肯定帮你。不然你去找老张，这类方案他跟进过很多个，比我有经验。"

第二种，当别人找你借钱时，你可以说："我的钱都拿去理财了。一时提不出来的。我理解，这年头谁没个急需用钱的时候呢。你来找我就是信得过我，不然我给你介绍个在银行工作的朋友，看他那边有什么产品可以帮助到你。"

"三明治拒绝法"讲究**动之以情、晓之以理**，既拒绝了对方，又不伤和气，建议害怕因拒绝损害人际关系的朋友，在实际工作、生活中灵活运用。

总之，在拒绝他人时，要考虑既要尊重对方的需求，又不能超越自己的能力和资源限制。用各种各样的"拒绝公式"运筹帷幄，组合出既有效又情真意切的回答，才能既确保了工作效率，又保持了良好的人际关系。掌握说"不"的技巧，学会拒绝他人，希望大家都能勇敢地说"不"，都能有舒适的社交圈。

随机应变，应对场面

场面话，顾名思义就是适合在某些场面说的话，主要是为了迎合某个场合下的某些人、某些情景，让社交局面更和谐，符合礼仪。同时，场面话也适用于为了**规避一些无效社交**，需要照顾双方的面子，而说出的虽然搪塞、敷衍但又不会太令人不悦的话语。

在了解场面话怎么说之前，应该先**客观看待场面话**。

人与人之间并非一味地真诚就能收获良好的关系，有些时候需要一些"善意的谎言"才不会破坏关系。直来直往地明说有些人爱听，有些人则不能接受，觉得你不懂社交礼仪，故意把场面搞得难堪，令人尴尬。

会说场面话也是一种**交际应酬**的技巧、**职场生存**的智慧，属于常见的社交手段。特别是在中国这样的人情社会中，少不了需要说点场面话让大家面子上都过得去，不伤表面和气，不影响继续共事。

所以，该说的场面话一定要说，才不会为难自己，也不会令他人陷入尴尬。

捧场他人时的场面话

社交场合难免需要说点场面话，邀约、赴宴、做客、参加会议等场合，都有不同的场面话需要应对。有些场面话是为了顺从、附和对方说的，这类的场面话在陈述时有几个**技巧**：突出对方的重要性，肯定对方的优点，站在对方的立场。

突出对方的重要性就是抬高他的身份、价值，比如在参加某次商务宴会时，可以强调有某位甲方的参加，使得整场宴会更加完美，使得本次会议更加成功、圆满。

肯定对方的优点，就是在某些场合下顺势说点捧场的话。比如去别人家做客，可以称赞主人选的食材很不错，烹饪的手艺也很不错，对于一位亲自下厨的人来说，没有什么比客人吃得好、吃得满意更令其愉悦的了；同理，在参加完某次会议，可以称赞主讲人演示文稿写得好，流程节奏把握得好，同时还可以表达会后想求教演讲技巧，这对对方来说也是极大的鼓舞。

站在对方的立场则是在说话前要思考：在这个场合下，对方最想听到什么话呢？比如逢年过节回乡与亲戚聚会，站在亲戚的角度，他们最喜欢听吉祥话、好听话，所以见了人家的小孩可以夸夸长得聪明伶俐又乖巧，见了某位长辈可以说觉得他越发康健，一定能长命百岁。

又比如作为导购员在为客户推荐商品时，可以称赞客户在使用某件商品时颜色很搭、气质很贴合。特别是对方表明自己购买商品是有某些特殊用途时，你就可以顺着对方的用途去推荐：这件衣服很适合你订婚的时候穿；您的这个包很适合去参加大型晚宴。

值得一提的是，场面话要说得**恰到好处、把握时机**，不要冷不丁地捧对方，也不要过于夸大地表达赞美与肯定。否则，就会变成谄媚的拍马屁，反而令人反感。

调节氛围时的场面话

去别人家**做客时**最常会听到的场面话。比如，快到饭点时临时起意去朋友家找他聊事情，聊完后对方可能会说"吃完饭再走吧"，这时候就是客套话，因为对方并没有提前多准备饭菜。特别是对方如果还有一堆亲戚在场时，作为客人其实是不便多留的，因此最好礼貌回应"不了不了，我家里也准备好了"，而后结束做客潇洒离开。

再比如，男生第一次到女方家里做客时最好不要空手去见对方父母。比较懂礼数的长辈会说"人来就好，真的不用带东西"，同时女生可能会附和"我都说了不用买了，但小王坚持要买"。这些都是客套话，千万不要心里犯嘀咕，甚至直接说"早知道就不买了"或"不是你让我买的吗"，这是十分失礼、小家子气的做法。

除了去别人家做客，在工作、生活中我们还会听到很多场面话。当麻烦别人介绍工作、进行内部推荐时，对方可能会说"包在我身上"；当和并不熟悉的人聚餐后，对方可能会说"钱不用给了，我付就好"……这些话术可能都是客气一下的场面话，自己作为听者要学会辨别。

场面话，这种充满了礼貌和策略的社交语言，**是日常交际的必备技能**。它就像是一场优雅的舞蹈，每个人都须熟悉舞步，以保持交往的和谐与顺畅。我们在各种社交场合中运用场面话，以彰显礼貌、调和气氛，甚至避免尴尬。

然而，作为场面话的接收者，我们也应有所辨识。当听到滔滔不绝的赞美时，我们要有能力分辨其中的**真诚与客套**。有些场面话可能只是为了维护形象而说出的无害谦辞，有些则可能涵盖了隐含的要求或期望。只有学会解读场面话背后的含义，才能在各种社交场景中游刃有余。

因此，场面话不仅仅是社交的一种形式，它也是一种生活的智慧。通过使用和解读场面话，我们可在表达真实感受的同时，建立和维护良好的人际关系。在这个需要人际交往和互相尊重的社会中，掌握讲场面话的艺术，无疑是营造和谐社交环境的关键之一。

不怕犯错，及时补救

　　每个人都不是完人，都有口不择言、心直口快说错话的时候。意识到说错话要**积极应对、设法补救**，不能任由错话影响到彼此的关系，才是明智的做法。

　　在进行补救之前还要先判断说错了什么话，为什么会说错话。只有先明确错在哪里，因为什么而犯错，才能更有效地进行补救。盲目道歉，敷衍了事的补救，非但不能解决矛盾，反而会加深对方不悦的情绪。

　　此外，进行补救的时候应该是心甘情愿的，**懂得反思自己**，并由衷承认是自己的错。如果心不甘情不愿违心地向对方道歉，一样会给对方留下一个态度不佳的印象。

　　虽说每个人说话都不能尽善尽美，但是最好的情况是在**发言之前**，想清楚再开口，也就是说话要经过思考，避免说错话伤害到对方的内心，触犯到对方的底线，造成无法弥补的后果。

● 及时道歉

在现实生活中，**及时的道歉**与迟到的道歉带来的效果是大不相同的。当你意识到自己说错了话，或者可能说错话时，就应该立刻道歉。不论是面对面交流，还是在网络上聊天，说错话及时道歉是最明智的选择。因为坦率且真诚认错的人，更能获得他人的谅解。

千万不要自顾自地猜想对方会怎么想自己的话而错过最佳道歉的时机，或者是我们大大咧咧地觉得没什么，认为对方肯定不会介意，于是直接搁置了那些我们明明已经注意到的问题，这样做最终可能会让对方产生误会。

及时道歉既是为了率先表明态度，也是为了抓住话语的主导权。当你以诚恳的态度表达歉意时，对方即便还有不满，也不便抱怨、指责太多或者发作得太厉害，不然反而显得对方小气，得理不饶人。

道歉应该是**诚恳的姿态、措辞**，不应该太随便、敷衍。比如在意识到自己说错话时，快速简要地说"刚才好像说错话了，抱歉"，或者奉承地说"抱歉，说错话了，你是个大度的人，不会计较吧"，前者显得太过于漫不经心、不痛不痒，后者则好像在道德绑架，令人左右为难。

-106-

如果言语道歉后对方还是很生气，可以等对方冷静后，再用实际行动向对方道歉，通过某些方式表达你对他的尊重和关心，让对方感受到你真挚的歉意。

不找借口

说错话的时候及时道歉是一种内归因的表现，是在为自己说错话的行为负责，而找借口则是一种**推脱责任**的表现，这会加深别人对自己的反感，因为那会让对方觉得你不仅是情商不过关，甚至连态度也有问题。

当自己说错话的时候，要么就干脆不解释不再提，对方还能当你粗枝大叶，确实是无心之失，没有意识到自己的错处，于是选择大度地作罢谅解。如果开口道歉或者对方指出你说错话时，就应该**好好承认错误**，而不是一味地找借口。

试想一下，当你不小心说错话了，你开始道歉，但是你的话术是"对不起，我刚才说错话了，但是那也是因为你先说……，我才……的"，或者"我是说错话了，但是那也是为了你好，也是为了……"转折以后的部分往往才是你强调的重点，道歉的时候加"但是"会让道歉的效果大打折扣，这样的措辞只会是火上浇油，令对方愈加愤怒、难过。

正确的做法应该是解释原因。解释原因与找借口不同，解释原因是在明确错在自己，也知道错在哪里的基础上，对自己的错误进行的说明。比如可以说："真的很抱歉，我刚才那句话里那个措辞确实不太合适，是我太不会形容了，请原谅我的嘴笨，我并不是那个意思。"这就解释了说错话是因为自身表达能力不佳，属于无心之过，而不是有意要伤人。

● 改正言行

在道歉之后，应该通过一些**实际行动**来弥补对方，修复社交关系。可以主动给对方打电话或者约对方见面，令对方在可以感知到语气、表情的情况下，再次接受道歉。也可以请对方吃饭、喝咖啡，或者送对方小礼物，或者陪对方宣泄不满。总而言之，都是为了让对方感受到自己的诚意，让彼此的关系不留疙瘩。

想要一劳永逸地解决说错话的问题，那就要**改正自己的言行**。毕竟不说错，就不用补救，那自然也就没有社交关系上的烦心事了。

如果曾经因为某句话或者某个词让对方不开心，那自己在往后与对方聊天的过程中，就应该规避"敏感点"。毕竟如果不改变自己的言行，而是在错误的地方一错再错，那道歉就没有意义了，对方也不会再信任自己。

在说错话后，应认真思考自己的言语和行为上的不足点，并从中吸取教训。然后在下一次对话中控制自己的情绪和言辞，学会避免在未经思考的情况下就把一些不合适的话脱口而出。

总之，聊天说错话是很常见的事情，但我们应该积极应对，通过及时道歉、修补关系、改变行为和学会自我控制来弥补错误，避免使一段良好的关系陷入僵局。

第七章

礼尚往来需有度

礼尚往来是人际交往的重要渠道，而其中的分寸感举足轻重。送礼物不能仅仅聚焦于价格，关键在于心意，要依照自身的能力以及对方的需求来做出适宜的选择。回礼时也需要思考自身的实际状况，不可盲目追随潮流，更不能仅仅为了脸面而超出自身所能承受的范围。把控好礼尚往来的分寸，能够让彼此感受到真诚和尊重，使关系变得更加和睦融洽。倘若分寸把握不当，可能会给双方带来压力和烦扰，对感情产生不利影响。

礼到人心暖，措辞不可乱

送礼是一种增进彼此感情，让沟通更加顺畅的社交方式。有关送礼的话术非常值得推敲，若送礼时措辞不妥、说得不够漂亮，那么用心准备的礼品随之也可能被对方"拒之门外"。

送礼最理想的状态是**自然**。大大方方地送，找到合适的时机，送上对方满意的礼品，说句恰如其分的客套话。同时，对方也会开心愉快地收下礼物，没有推推搡搡，而且没有心理负担。

为了达到送礼的理想状态，我们在给他人送礼时要学会**一些包装话术**，也就是在送礼时，要说辅助性的有一定含义的话。若提及礼物的贵重程度，我们就要进行斟酌后再表达出口；如果涉及送礼的原因，我们就要考虑什么样的原因，对方听了更乐意接受礼物；可能还会涉及一些客套话，这些客套话既不能言过其实，也不能让人听了太过应付场面。

礼物的分量

一般而言，送礼时会使用一些谦和得体的语言，这套话术通常会**包含礼物的分量**，也就是贵重程度。

有些人担心礼物送贵了对方有心理负担，喜欢一上来就强调自己礼品的微薄，如"这个没多少钱啦""真抱歉，没准备什么好礼物"。其实也不必过分地谦虚，对方如果听不懂场面话，真的把你自谦的话当真了，反而会导致对方轻视自己。

有些人就等着在场的人问自己礼品的价值，当有人客套地询问一句时，就开始大张旗鼓、大肆宣扬自己送的礼品有多难得、有多特别。这样的做法避开了过谦，但却显得浮夸，喧宾夺主。

所以对于礼物的分量**适当地表达**就好，不要过分高调，也不要过分自谦，在不透露礼物货币价值的情况下，可以强调它的**情感价值**，也就是依附在礼物上的心意，真实、大方地表达希望对方感受到自己送礼的诚意。

礼物的归宿

有两种情况是礼物最好的归宿，那就是互送和回礼。

现代人有多种场合会互送礼物，比如情人节、圣诞节、春节等。情人节当天送礼物的寓意不言自明，这也省去了为了送礼物绞尽脑汁编由头的情况，虽省去了编个"借口"，但也不代表什么都不说。如果你是给心仪的对象送礼物，除却花、巧克力、营造浪漫气氛以外，最好附上一张写有真挚话语的卡片，表明心意，这样会更快收获有回应的爱。

不过情人节也可能出现只收礼物，不互送也不回礼的情况，毕竟有些人人气太高，就会收到很多"爱意"。同时，选择这个节日送礼物的人往往不求对方的回礼，只是为了表达心意。当然，如果对方能够对自己的情感有所回应是更好的。

圣诞节也是职场中、校园内互送礼物的节日。有些重视企业文化建设的公司甚至会每年组织员工以拆盲盒的形式，互送价值不等的礼物，既增加了节日乐趣又拓宽了礼品种类，在圣诞节哪怕收到什么稀奇古怪的礼物，大家也都开心愉快地接受。

春节期间拜访亲戚、朋友时互送礼品，是我国的传统习俗，人们坚信"礼多人不怪"，虽然对方会客套地说不必，但是一般都会欣然接受。既增添了节日氛围也增进了彼此的感情。

能够给他人回礼其实是一种"幸福的烦恼"，一方面，需要回礼就说明之前收到了礼物；另一方面，因担心自己回礼的分量与对方所送之礼不对等，怕掉了情分。所以，就需要回礼之人在准备回送礼物时好好衡量一下礼物的价值，不一定是金钱价值，也可以是时间成本、情感价值。

总的来说，互送和回送礼物这两种情况不需要特别的话术，因为互送礼物和回送礼物时，往往是真挚情感的表达，功利性、目的性比较弱，不需要借助漂亮的措辞来帮助自己把礼物送出去，让自己的送礼物行为合理化。

● 必要的客套话

送礼的时候还需要说一些**客套话**，这些客套话可以是感谢语、祝福语等，以增添送礼时喜悦、隆重的气氛。

婚礼赴宴送礼时，可以说"恭喜恭喜，这是我和我爱人的小心意，请务必收下，祝二位百年好合、幸福美满""新婚快乐啊哥们！早就想好你结婚时要送你这个，一定要收下这份祝福哦"。

总之，送礼时的客套话往往能起到画龙点睛的作用。一句真诚的"感谢你一直以来的关照"能让对方感受到自己的重要性；"祝你一切顺利"这样的祝福语则传递出美好的期许。这些话语使礼尚往来这一行为充满了温度与情感，让双方的互动更加愉快和有意义。

礼多人不怪，时机很重要

送礼是十分讲求**时机**的一件事，有时候送得巧可以让送礼这一行为更加深入人心，可以大大促进人与人之间的感情。反之，如果送礼时机把握得不好，会令收礼者觉得处境尴尬，甚至可能导致本来还算不错的关系，因为一份不合时宜的礼物而变得进退两难。

礼物可以提前准备，但是送礼的时机一定要把握好，这样才能收获最理想的效果。

一般来说，有**三个时机**是最适合送礼的：第一，在对方有所需要时，正所谓投其所好，当对方正好有所需要时送上礼物就十分恰当；第二，在对方意想不到时，对方有需要时，你出其不意适时地送了礼物，会令收礼人的喜悦翻倍；第三，可以在重要日子送礼，比如结婚当天、生日等对对方有特殊意义的日子。

● 在对方有所需要时

　　正好是他人需要这样东西的时候收到礼物，这是最皆大欢喜的送礼情景。一方面，这能解决对方的物质需求；另一方面，会让对方觉得自己是个贴心的人，平时就关注到他的需要。

　　比如你的朋友是个徒步爱好者，一直念叨着想要一套更专业的登山装备，如果你能在观察到他的装备已经破损、不堪用时，为他送上一套新装备他一定会十分开心；比如你的同事经常有因久坐而受腰酸背痛的困扰，你可以在他生日时，送他一件便携的按摩仪；比如你的领导刚换了办公室，觉得室内缺乏生机，你可以送上几盆绿植、盆栽或者一个鱼缸附上几尾锦鲤，帮他装饰办公环境。

小张的生日快到了，刚好可以送他一直想要的登山装备了！

　　只要你有心送，就肯定可以留心到对方的需要，就能够**挑选合适的礼物**送给对方，而对方也会觉得你是个细心体贴的人，这份礼物也是一份诚意之礼。

● 在对方意想不到时

在日常生活、工作中如果能遇到意想不到的事，往往会给对方留下深刻的印象，因为大多数人的生活都比较有规律，每天两点一线往返于公司和家里，日复一日平淡无奇，而突如其来的到访、礼物，就能在对方心里掀起涟漪。

相比之下，在对方**意想不到的时候**送礼，雪中送炭、雨中送伞或者日常生活中的"惊喜"，都会令对方一直念着这份感动。比如分别多年，回到家乡，带上小礼物去看望自己的朋友，哪怕只是顺道来访，都会令对方十分开心。因为这会让他觉得你是发自内心地想念他，才会挤出时间拜访他，而且你还准备了礼品，这会增进两人的友谊。

● 在重要日子送

在**重要日子**送礼是比较常规的做法，选择这个时机送礼一般不会错，不会显得刻意讨好，甚至在送出礼物的时候不用想特别的话术。

重要日子的定义范围比较广，因人、因时、因习俗而异。有重要的传统节日，比如春节、元宵节、端节午、中秋节、重阳节等；有流行的西方节日，如情人节、圣诞节、母亲节、父亲节等；有值得庆贺的喜事，如结婚、乔迁、寿诞、周岁宴等；还有其他值得纪念的日子，如金婚纪念日、银婚纪念日、结婚纪念日、十周年同学会、饯行宴等。

在这些可喜可贺的日子里，你可以根据**对应的节日**去准备相应的礼品。比如，春节送礼不在贵重而在于喜庆，所以可以在礼品外包装上、礼品本身的寓意上下功夫；比如，参加朋友的结婚喜宴或者长辈的寿诞，礼品最好准备得"讨巧"些，要符合当下的宴会氛围，要令收礼的人觉得十分应景应情；比如，参加亲友的乔迁聚会，则不用太华丽，可以送点实用的礼品，以便对方可以在未来的生活中用得上。

值得一提的是，**送礼最忌讳迟到**，若没有赶上合适的时机，即便补送也会差点意思，送礼的效果会远远弱于事前送或按时送，也很难消除对方觉得你轻视他的感觉。

送礼是一种心意的表达，当你想要维系、提升一段关系的亲密值时，一定不要羞于送礼。不过送礼时要替对方着想，千万不要送得令对方有负担，弄巧成拙。合适的时机，恰当的礼物，才能收获皆大欢喜。

礼轻情意重，送友心头好

"送礼难"除了送礼时的话术、送礼的时机，还有就是送什么礼品，也就是**如何挑选礼物**。

按理说，老百姓的物质生活变好了，市面上可供选择的礼品也变多了，但是反而令人无从下手。只要是用心准备的，从收礼人的角度来看，无论收到什么礼物都会感到开心。但是从送礼人的角度，却不能送得草率，不顾含义与禁忌。

礼物可以试着从以下几种角度去挑选：根据群体来送，也就是看对方是老人还是小孩，是男人还是女人，是前辈还是同仁；根据喜好来送，符合对方喜好的礼物不论贵重与否都会令对方很开心；根据场合来送，也可以理解为根据用途来送，比如是生日礼物还是纪念日礼物，是新婚礼物还是周岁礼物。

"礼轻情意重"，不论是送什么礼，最重要的是表达自己**真诚的心意**，令对方感受到自己的礼物所蕴含的祝福。

● 视群体而定

　　根据群体去送礼物，其实就是看**收礼的对象**是谁。送礼的时候，要送出符合对方年龄、身份、地位的礼品，千万不要送不符合对方使用习惯的礼品。因此，在送礼的时候一定要留意对方的**年龄、身份、行事风格**，选择送什么样的礼物。

　　送父母、亲戚等长辈礼物时，考虑到他们的年龄和体力，可以送一些比较实用的物品，例如按摩椅、衣服、名酒、名烟、茗茶；或者送一些有特殊含义的礼品，如盆景、金银首饰、十字绣、书画；也可以送些保健品、健身器材等，重在表达希望对方身体康健、长寿多福。

　　送朋友、同事等同辈礼物时，就可以参考同龄人一般喜欢什么，这属于比较好送的群体，只要不是送得太离谱，年轻人之间一般不会计较送什么。

　　送小朋友和孕妇是比较好办的，因为这两者受限于年龄、身体状态，可以送的礼品选择范围比较窄。前者，一般是送玩具、文具、书籍，或者直接带去游乐园玩；后者，一般送母婴用品、营养品等。

● 视喜好而定

　　送礼想要让人感受到心意，最好的送法就是**根据对方的喜好**去送。每个人都有自己的个性与爱好，在选择礼物时如果能够结合对方的兴趣爱好和风格品位去送，才是真的"送到对方心坎上"。

　　想要送礼送得令对方合意，平时就要多多**观察对方的行为细节**，了解对方的需求。具体而言就是，在日常生活中留心他们喜欢吃什么、用什么，喜欢玩什么、去哪里玩。在聊天中，也可以提一些有关兴趣、爱好的话题，探知对方的心愿、喜欢的物品，甚至可以直接问生日到了，希望收到什么礼物。

　　了解对方的喜好后，就可以更**有目的性**地进行礼物挑选。

　　例如，对方喜欢阅读书籍。你就可以送他喜欢的作家的作品，最好是典藏版或者签名版。再比如，对方喜欢古典乐，喜欢看音乐剧、听演奏会。如果你可以淘到两张他所喜欢的演奏家的演奏会门票，定能让他惊喜不已。

● 视场合而定

不同的场合，收礼人对礼品的需要大不相同，对礼品所承载的祝福也会有不同理解。适合送礼的场合一般有生日、婚恋纪念日、乔迁时、升迁时、开业、周岁、寿诞日等，不同场合有不同的送法，一定要注意选择合适的礼品。

生日送礼是最常见的送礼场合。面对不同的对象，应该准备不同的礼品，应该综合考虑性别、年龄、职业、身份等。生日送礼不一定是要多么贵重，因为主要目的是庆贺对方的诞辰，所以能令对方开心就足够。因此不论是实用型的，如泡脚桶、按摩仪、自行车、电子产品等，还是装饰性的，毛绒玩具、香薰蜡烛、项链手链、创意摆件等，都可以送。

不过，如果对方是年长者就要考虑礼品不能太童趣、标新立异，还是要能彰显成熟稳重的气质比较好，比如领带、钢笔等。而对于祝寿场合，送一些养生保健品、象征长寿的摆件如寿桃等较为合适。

- 121 -

再比如乔迁送礼或开业送礼，因为跟居住场所、活动空间有关，所以可以送点室内布置、家私用品、喜庆吉利的物品。乔迁可以送贺联、贺画、鱼缸、字画、茶桌等；开业可以送花篮、植物盆栽等。

如果是婚礼送礼，象征美好爱情的礼物会是不错的选择，像精致的情侣摆件、寓意百年好合的工艺品等。

总而言之，送礼时一定要思考好**恰当的措辞**，根据送礼的对象、喜好，把握好送礼的时机，并且预设好送礼将会达到的效果。当然，送礼的时候，也不能一味迎合他人，应该**量力而行**，根据自己的时间、精力、财力去准备，一方面不会令对方有心理负担，另一方面也不会让自己心生不悦、疲于社交。双方都满意的送礼才是真正的皆大欢喜。

第八章

做客待客懂分寸

做客与待客，分寸感极为重要。做客时，需怀揣谦逊和尊重之心，切不可随意窥探主人隐私，言行举止应合乎尺度。待客时，热情当中要包含体贴，既不能过分殷勤以致客人感到拘束，也不能过于冷淡致使客人感觉不适。分寸的关键就在于平衡。做客时确保不打扰，待客时注重有方法，唯有如此，才能让情谊在交往中愈发浓厚，让关系于细微之处更显亲昵，让每一次相聚都美好而令人难忘。

做客不冒犯，才是好客人

作为客人的身份受邀到亲戚、朋友家做客时，需要留意**一些基本礼仪**，比如约好时间再登门，不空手到对方家里拜访，拜访时的衣着、站姿、坐姿、举止等。

如果双方是不太熟的关系，甚至是初次登门，就更需要把礼仪规范做到位，既不能让对方感到冒昧，也不能让对方觉得太生疏，因为这都会导致"约了这次，没有下次"的尴尬处境。如果双方是很熟的关系，则可以相处得更加放松、自在一点，但是也不能过于放肆，胡乱评论别人的家居或者家庭关系。

不论是什么时机，不论是到何种亲疏关系程度的亲朋家做客，都要做一个**有素养**的客人，不要做"烦人的亲戚""讨嫌的朋友"，不要让主人家生出赶客的心。

有约在先

　　每个人都有自己的独立空间、私密时间，即便关系很好，一般人也不希望对方在没有事先说明的情况下，就突然登门造访；即便关系很好，也不要每次都空手上门，哪怕是买点瓜果蔬菜、米油肉酱，添作在家聚餐时的食材或者饭后水果也好；即便关系再好，也不应该一进门就大大咧咧地脱鞋脱袜，往沙发上一瘫等着主人家来"伺候"。这些做法都不符合为客为宾的礼仪，都有可能令主人家厌恶。

　　与人相约，**提前说好**约会聚餐的**时间、地点、事由**是基本礼仪。到他人家做客，地点是既定的不需要特殊说明，但是时间、事由，还有到访人数、人员还是需要说明。比方说，约午饭还是约晚饭，约午饭时间考虑到主人家饭后需要午休，那可能吃完就要离开不好多逗留；约晚饭时间则可以多聊一会儿，距离近没开车的话还可以喝一点小酒。再比如，是要谈正事、公事还是上门唠唠家常，如果只是侃天说地，就可以姿态放松点，聊得开心就行。或者，是一人前往还是携家带口上门做客，这将会影响主人家要预备多少饭菜，要如何收拾家里。

● 携礼拜访

　　到他人家做客时，尽量**不要空手**上门拜访，即便是经常互相串门的老友，也应该偶尔带点东西上门做客。

　　上门做客时学会不空手并不是繁文缛节，而是一种基本礼貌，空手上门的客人会令人觉得是来白吃白喝的。携礼拜访时礼不在贵重，能达到增进彼此情谊的目的即可，即便是带一点当季水果，带一些自己做的烘焙食物，或者带一些老家的土特产，这些薄礼都会让主人家感觉到你登门拜访的友善和礼节。

第一次来你家做客，这是给孩子们买的水果、零食！

哎呀，人来就好，还带什么东西呀！

　　正所谓"礼尚往来"，这个"礼"既是物质的礼，也是精神层面的礼。别人费心招待你，给你泡茶为你做饭，你带着一点东西上门也是合情合理、有来有往的表现。若总是空手上门，则可能会欠下人情债，而人情债是最不好还的，一笔笔一次次别人可能都会记在心中，从而将你归入"小气客人"的名单中。

● 做客礼仪

上门做客还有一些**细节礼仪**需要注意，从敲门到进门，从入座到用餐，从聊天的话题到休息时的体态，细节之中见素养，需要每位客人重视起来。

前文我们已经提到做客拜访时要提前约好时间，而如果临时有事无法拜访，也要告知主人，才不致让主人家空等，耽误时间、精力。

在顺利赴约的情况下，礼仪从**进门前**就要开始注意。不论主人家的门是否开着，主人家有门铃的，就要按门铃，如果没有则需要敲门，但不论是按门铃还是敲门，如果主人家回应慢了，都不要粗鲁地狂按、狂拍门。根据一定的节奏，按一下或敲一下，等待三秒，如果长时间未回应，则应该致电亲友了解是否临时有事不在家中。

待主人回应后，再进门。**进门后**，不论是否有玄关换鞋处，应该先询问是否需要换鞋，若是冬季，身上的外衣也应该询问可以暂放在哪个指定位置，而不是随意乱放。

根据主人的指引入座后，不论是饮茶还是用餐都应该等主人先动，自己再动。随着聊天渐入佳境，状态越发放松，聚餐的气氛也会变得更加融洽。但是，不能因为太放松就坐没坐相、吃没吃相。

饭前或者饭后的间隙，参观主人家时，未经对方允许，不应该进入主卧；在其他区域参观时，未经主人允许也不要随意摆弄对方的物件，翻看对方的文件、书刊等。

总之，进门后的一些举动应在询问主人并得到回应后再进行。在他人家中做客时，不要大声喧哗、胡言乱语、不顾体面，谈吐举止虽不需要过于拘谨、文雅，但是也都应该基于礼貌的前提。

待客不随性，才是好主人

《论语》有云："有朋自远方来，不亦乐乎？"自古以来，中国就是好客之邦，邀请亲友到家中做客，是一件双方都应该开心的事情，而能够收获开心往往建立在双方都恪守礼仪、相谈甚欢的情况下。一次皆大欢喜的居家聚会，会使双方的社交关系有大幅度的提升，亲密度更进一步。

作为主人，需要提供一个温馨、舒适的环境给到访的客人，使他们感到宾至如归。主人需要展现出热情和友善，注意客人的需要和偏好，力求让客人的体验愉快和难忘。这不仅包括提供美味的食物和舒适的住宿，还包括创造一个**友好的交流氛围**，使客人能够自在地交流和分享。

感情的相互性是人际交往的基础。如果你以热情、友善和礼貌的态度去待客，通常情况下，客人也会以同样的态度回应。这种互动能够加深双方的理解和信任，有助于建立长久的友谊和良好的关系。

● 收拾居所

洒扫门庭迎贵宾，在待客的场合下，自己的家自然是第一会面场所，所以在客人到来之前最重要的待客之礼就是打扫家里、整理物品。

当客人到来时，如果一开门就看到家里乱七八糟、异味弥漫，相信客人连进门的念头都没有了，凌乱不堪的环境甚至会令对方觉得是在拒客。即便是进门做客了，因为环境给人的不适感，客人也会在心中生出不想久留、想快速结束话题的想法。屋内杂乱不整洁能反映一个人的性格与行事，来客可能从此就对主人的印象变差，逐渐淡了来往。

招待客人的正确做法是，在客人**到访前**，清洗并整理沙发、书柜、厨房、卫生间，以及茶具、餐具。如果客人需要过夜，还需要收拾好次卧，包括被单、床单、枕头等。假若是南方的冬季，考虑到客人半夜也许会觉得被子不够暖和，还需要多备一张毯子放在床头。

总之，一切客人可能站到、走到、坐到、躺到、看到的地方都应该收拾干净、不凌乱，力求不让客人觉得"招待不周"。

● 收拾形象

家里收拾好了，接下来就是收拾一下自己的形象了。

将他人请到家里做客时，应该以比较**整洁、得体**的形象进行迎接。如果客人在一开门时，看到的是一个衣衫不整、头发凌乱、精神颓废的形象，那对方会觉得你还没有准备好要待客，说不定还没进门对方就会在心里打退堂鼓了。

接待客人时形象一定要得体，不失礼仪。男主人应该刮好胡子、梳好头发，即便是没胡子、头发稀疏，也可以洗把脸、洗个头，不要看起来油腻腻的。在家招待亲友，穿着便装就可以，但是不要穿着沙滩鞋、短裤就跟客人握手。女主人可以洗个头发或者化个淡妆，不要图省事穿着睡衣、睡袍迎接客人。

除了外在形象要注意整理，**精神状态**也不能太糟糕，否则客人会觉得是不是自己不受欢迎，才导致主人情绪不佳。如果状态不佳，也很难投入一次融洽的交谈，当对方正兴致勃勃地说话，你却在走神、打瞌睡或者神情涣散，那同样是无礼的。

● 待客之礼

与做客之道相似，客人从进门开始，主人家就有许多需要注意的礼仪。

首先是当客人敲门或者按门铃时要**及时开门**，如果迎客迟了应该向客人表达歉意，说句"久等了"。把客人接进家里后，应该给客人"宾至如归"的感觉，如果并无特别的讲究，可以说"你随便坐""鞋子就不用脱了"的话，让对方放松点。

双方入座后，主人可以先在客厅泡茶寒暄一阵，这时候应该注意一些**斟茶礼仪**。给客人倒茶时，先把对方的茶杯拿离茶几，再拿公道杯盛着茶水给客人倒茶。茶水不宜倒太满，一方面会烫到客人，另一方面也更容易洒出。

请客人吃水果时，应该以**切好**的形式呈现，并且在果盘旁备好牙签，方便客人进食。请客人喝饮品时，应该考虑客人的口味，不要在对方拒绝的情况下，还极力要求对方品尝。

客人在家中用餐时，要**主动热情**地请客人进食，但是不要一味地给客人夹菜，对方可能是比较在意用餐卫生的人。客人如果并没有积极地夹菜，可以询问饭菜是否不可口，或者是否身体有不适所以影响胃口，但是不要一下子就摆脸色，甚至指责对方。

不论是在泡茶寒暄还是在设宴用餐时，双方的交流应该有来有往，不要只顾自己倾诉，客人一言不发。亲友到家里做客，可能就是想换个环境与你拉拉家常，掏掏心窝，增进感情，所以应该多给对方发言的机会。

此外，如果客人是初次到家中做客，家里还有其他人在时，应该**主动介绍家人**给客人认识。如果客人在客厅休息，自己却有事需要暂时出门或者要准备去做饭，就应该让家人代替接待一会儿，而不是直接把客人晾在一边，这会令客人无所适从。

送客不敷衍，方得好情谊

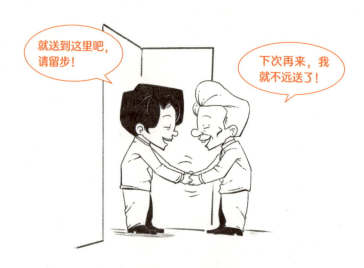

有来便有往，有待客便有送客。不论你是作为主人要送别客人，还是作为客人被送别，一场欢快的聚餐应该由**合乎礼仪的送客**作为结尾，送客送得不好，就会毁掉整场聚餐的良好氛围，所以送客礼仪同样不能轻视。

当你是主人时，迎接客人到家里做客时要热情，送走客人时也应该同样热情。面对即将离开的客人，可以说点**婉言相留**的场面话，边说点送别的话，边把人送到门口。

当你是客人时，应大大方方地结束做客，自觉地起身离开。面对主人家的送别，也应很自然地表达"聚散终有时，后会有期"之类的话语。

除了送客的话术要注意措辞，还需要把握好**送客的时机**，送早了，作为客人的那一方会觉得是在赶客；送晚了，作为主人的那一方则会觉得被打搅太久。每个想要规范言行举止的人，都应该学习迎来送往的礼仪，建立良好的社交形象。

● 作为主人要送客时

当客人表现出要结束聚餐的意图时，你却纹丝不动、视而不见，或者说让客人自己起身离开，招呼得很冷淡。这样的行为都是很无礼的，会令客人误会在聚餐过程中是不是有得罪之处，会令双方的关系变差，客人也会因此不敢再次登门拜访，毕竟受到了冷落。

当客人主动优先提出要结束聚餐返家时，作为主人可以适当表达挽留，这并非俗套或者多余，虽然是场面作为，但是却能让客人感觉到你的热情，这也是变相地在表达"相聚甚欢"，说明聊得很好，相处得很融洽才会恋恋不舍，想要挽留。如果客人坚持要离开或者表现出有事要急着离开的样子，那也不要强留对方，在门口或者楼道拉拉扯扯，反而会耽误对方接下去的行程。

送客时应该"缓送"，也就是起身时的动作、送到门口的速度、关门的举动都应该温和，不要一副迫不及待要送走对方的样子。比如客人在起身时，可以比他慢一点站起；客人在穿鞋时，要耐心等待；客人走出家门后，要等对方走出一段距离再关门，不要立刻用力关门。

作为客人被送客时

　　到他人家做客时，大多时候只要不给主人家造成困扰，遵守基本礼仪即可，到了送客环节也是如此。

　　作为客人应该自己留意**做客时长**，在适当的时刻主动表达要结束小聚并返程。如果是午宴，在吃得差不多的时候，就可以表达已经吃饱，当主人家在收拾餐桌、厨房时，就可以说明自己要返程的意愿，以免打扰到主人的午休；如果是晚宴，在未告知会留宿或者明知主人家不便留宿的情况下，同样应该在吃完晚餐，稍作歇息后表达"我该回家了"的意思。

今天太晚了，我就在这儿住吧！

什么！我家可没有地方给你住！

　　作为成年人应该明白有些场面话是必要的，面对自己提出要离开主人表达挽留的情况，应该大大方方、干干脆脆地表达自己对主人好意的谢意，千万不要不识趣地还继续留下打扰主人。

　　离开主人家时应自觉检查好**随身物品**是否都有携带，特别是不常见朋友或者两人的居住地有一定距离的情况下，更要仔细检点。不然，还要麻烦主人寄回，给对方添麻烦。

● 送客的话术与时机

临别时，适当的告别语和真诚的祝福能够让客人感受到主人的热情和友好。与其他场合的场面话相似，**送客**也有一套普遍适用的**话术**。

作为主人，在客人起身后，可以说"要走了吗？再坐会儿吧""再坐坐吧，别急着走，还有水果没吃呢"；当把客人送到门口时，可以说"真的不再坐会儿吗？""有招待不周的地方请见谅""路上小心，下次再来"；当客人要拿取自身的衣物时，可以表示乐意帮忙，并表达"这个重吗？我帮你""你车停在哪里，我帮你拿到后备箱吧"；把客人送到门口时，如果有什么礼品要让对方带走，"一点小礼物送给你，今天聊得很开心，下次还要来哦"。这些简单而真挚的话语可以让离别的时刻变得更加温馨和难忘。

在社交场合中，送客环节同样是检验主人**礼仪和修养**的重要环节。遵循**"动作慢一步，情绪热一点"**的原则，不仅体现了对客人的尊重和重视，还展现了主人的热情和细致。正如前文所述，当客人起身告别时，主人可以稍微延迟一步起身，这个细微的动作既表达了不舍，又避免了让客人感到被催促。同样，当客人离开家门，主人应该在客人坐上电梯或者走远一些之后再轻轻地关门，这种关门的方式既不显得冷漠，也不显得急躁，而是传达了一种温馨和祝福的感觉。

在送客过程中，主人的言行举止需要**细致入微**，这不仅是对客人的尊重，也是自我修养的一种体现。随着时间的推移和社交经验的积累，这些礼仪和行为会逐渐成为一个人的第二天性，使其在各种社交场合下都能表现得得体和自然。

无论是从外部形象到内在气质，从举止仪态到言语对白，从餐桌礼仪到职场礼仪，再到如何恰当地开口说话或静静倾听，一个人需要在生活的各个方面不断学习和实践。通过不懈的努力和练习，任何人都能提升自己的社交技巧和人际交往能力，从而在社交场合中留下良好的印象，建立起积极和谐的人际关系。

总的来说，送客之礼是社交礼仪中的重要组成部分，它不仅关乎个人修养和形象，更是人与人之间情感交流和尊重的体现。通过**恰当的送客礼仪**，可以在别人心中留下深刻的好印象，促进友谊的深化，同时也是个人魅力和社交能力的外在展现。因此，掌握正确的送客方式，学会用心地表达感情和祝福，对于提升个人社交水平和维护良好的人际关系至关重要。